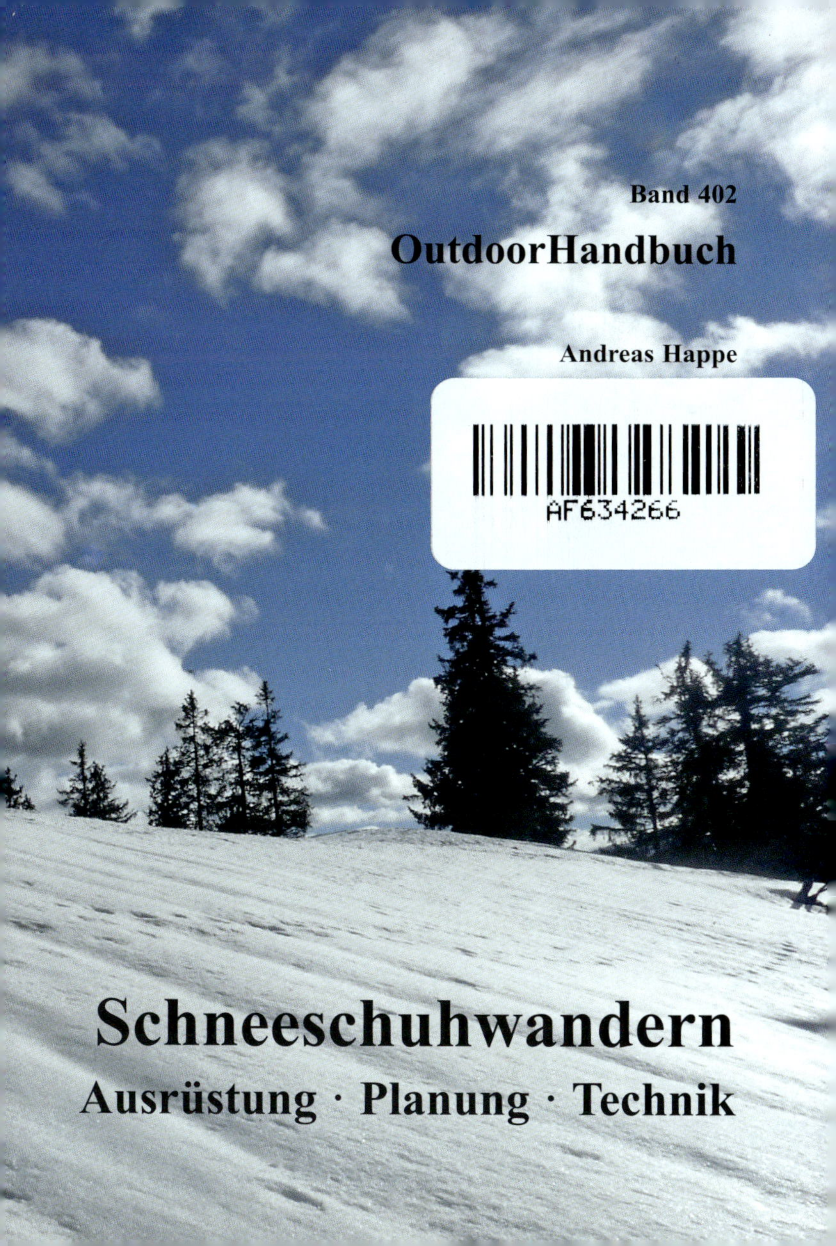

Band 402

OutdoorHandbuch

Andreas Happe

Schneeschuhwandern

Ausrüstung · Planung · Technik

Schneeschuhwandern

Der Autor und der Verlag sind für Lesertipps und Verbesserungen (besonders per E-Mail) unter Angabe der Auflagen- und Seitennummer dankbar.

Dieses OutdoorHandbuch hat 128 Seiten mit 96 farbigen Abbildungen. Es wurde auf chlorfrei gebleichtem Papier gedruckt, in Deutschland klimaneutral hergestellt und transportiert und wegen der größeren Strapazierfähigkeit mit PUR-Kleber gebunden.

klimaneutral
natureOffice.com | DE-077-151104
gedruckt

Dieses Buch ist im Buchhandel und in Outdoor-Läden erhältlich und kann im Internet oder direkt beim Verlag bestellt werden.

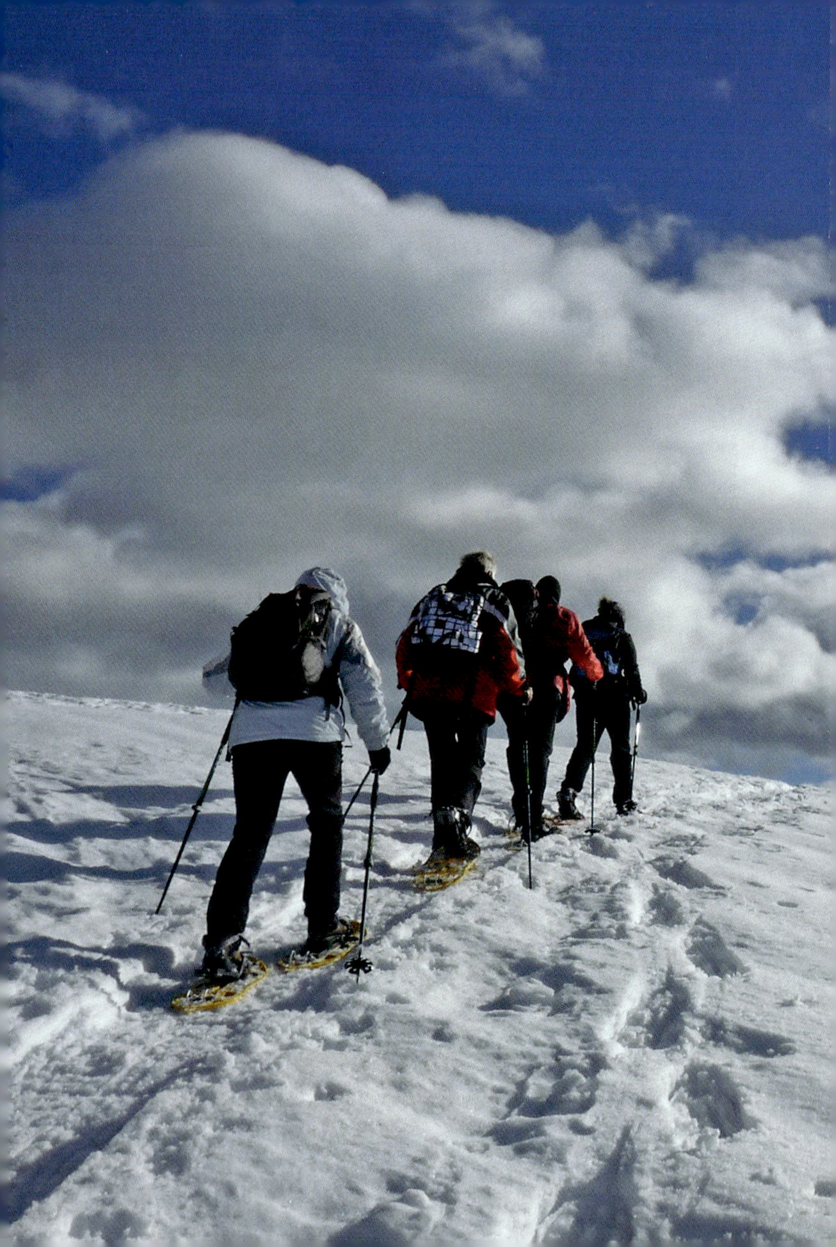

OutdoorHandbuch aus der Reihe „Basiswissen für draußen", Band 402

ISBN 978-3-86686-530-3 1. Auflage 2017

Text und Fotos: Andreas Happe
Lektorat: Amrei Risse
Layout: Manuela Dastig

Gesamtherstellung: Werbedruck GmbH Horst Schreckhase

Dieses OutdoorHandbuch wurde konzipiert und redaktionell erstellt vom:

Conrad Stein Verlag GmbH, Kiefernstr. 6, 59514 Welver,
☏ 023 84/96 39 12, FAX 023 84/96 39 13
info@conrad-stein-verlag.de,
www.conrad-stein-verlag.de

Inhalt

Einleitung

Mit Schneeschuhen erschließt sich der Wanderer und Naturfreund die winterliche Landschaft. Obwohl der Umgang mit den breiten Geräten schnell erlernt werden kann, sind einige Hinweise hilfreich, um Anfängerfehler zu vermeiden. Außerdem steigen häufig passionierte Sommerwanderer im Winter auf Schneeschuhe, die noch wenig Erfahrung mit den speziellen Verhältnissen in der verschneiten, kalten Landschaft haben. Auch an diese richtet sich das vorliegende Handbuch.

Während sich andere Lehrbücher vor allem auf das Schneeschuhbergsteigen im alpinen Gelände konzentrieren, behandelt dieser Ratgeber das Schneeschuhwandern insgesamt mit vielen Hinweisen auch für den genussorientierten Schneeschuhgänger im Tiefland, im Mittelgebirge oder in den Tal- und Bergregionen der Hochgebirge.

Der Kombination von Rodeln und Schneeschuhgehen ist ein eigenes Kapitel gewidmet. Mögliche Nutzungskonflikte mit anderen Wintersportlern und dem Naturschutz werden aufgezeigt. Außerdem werden einige besonders für Schneeschuhwanderer geeignete Regionen und Routen vorgestellt.

Halb offene, hügelige Winterlandschaften: das optimale Gelände zum Schneeschuhwandern.

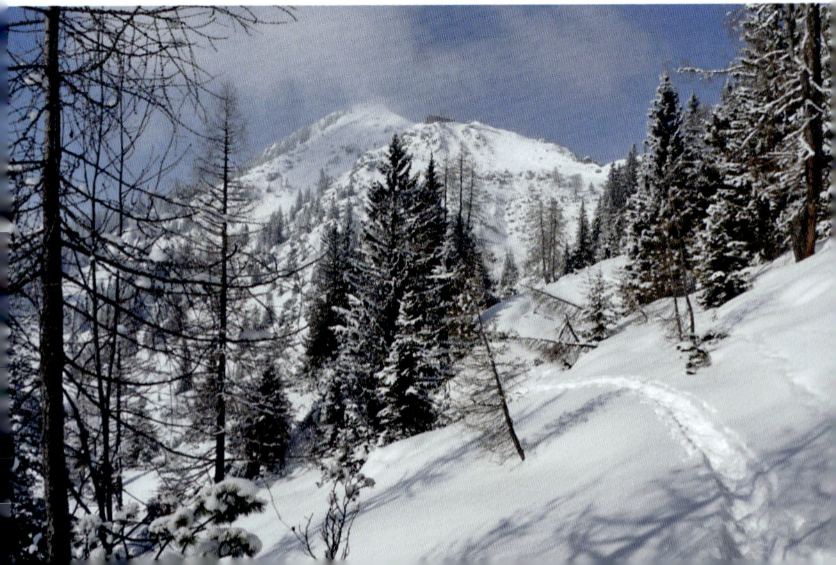

Allgemeines

Das Schneeschuhwandern erfreut sich seit der Jahrtausendwende steigender Beliebtheit. Die Idee, im Schnee seine Sohlen künstlich zu verbreitern, ist aber nicht neu. Schon seit vielen Tausend Jahren und überall auf der Welt, wo viel Schnee liegt, sind die Menschen mit einer Art Schneeschuh unterwegs gewesen.

Bei uns prägt der nordamerikanische Trapper das Bild vom Schneeschuhjäger. Die von ihm verwendete Art Schneeschuhe sind die Vorläufer der heutigen modernen Sportgeräte. Diese haben aber zum Teil kaum noch Ähnlichkeit mit dem traditionellen Holzrahmen mit Lederriemengeflecht.

In den heimischen Alpen entwickelten sich die sogenannten Schneereifen, die aber eher einen Notbehelf zum kurzfristigen Einsatz darstellen und für das Schneeschuhwandern keine Rolle spielen.

Kleine Hindernisse können auf Schneeschuhen leicht überwunden werden.

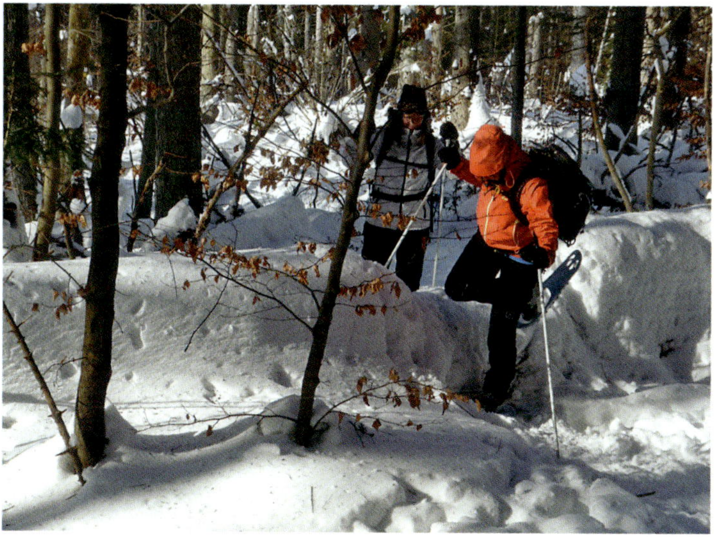

Große Vorteile der Schneeschuhe gegenüber Ski sind das geringe Gewicht und die Möglichkeit, die Geräte schnell mal am Rucksack anzubringen. So versprechen – anders als beim Langlauf oder Tourenskilauf – auch nur zum Teil schneebedeckte Geländeformen einen ungetrübten Genuss. Oft sind im Frühling die Höhenlagen und die Nordhänge noch verschneit, während der erste Teil des Aufstiegs auf blühenden Wiesen erfolgt. Hier ermöglichen die Schneeschuhe dem Wanderfreund erlebnisreiche Touren und eine Verlängerung der Wandersaison in den Herbst und das Frühjahr hinein.

Die Beweglichkeit auf den traditionellen Schneetellern ist weit höher als auf Ski. So werden schmale Pfade mit engen Kurven, Routen im Wald oder kleine Hindernisse kaum zum Problem. Der direkte Aufstieg auf steilen Hängen bleibt dem Schneeschuhbergsteiger vorbehalten, während der Skitourengeher weite Serpentinen läuft und der Langläufer solche Strecken grundsätzlich meidet.

Neben den praktischen Aspekten vermittelt das Schneeschuhgehen aber auch eine ganz besondere Stimmung und ein berührendes Landschaftserlebnis. Die ruhige verschneite Winterlandschaft mit ihren reduzierten Formen und Farben bietet die Möglichkeit, fern der Alltagshektik und der Reizüberflutung wieder zu sich selbst zu finden. Ob Sie dabei lieber in einem meditativen Rhythmus unterwegs sind oder Ihre Grenzen testen – oder beides im Wechsel –, bleibt dabei Ihnen selbst überlassen.

Eines meiner persönlichen Highlights auf Schneeschuhen will ich an dieser Stelle nicht verschweigen: Nachdem ich mir – nur mal so zum Ausprobieren – ein Paar einfache Schneeschuhe beschafft hatte, bin ich damit am Silvesterabend von der heimischen Haustür zu einer Party in einem Nachbardorf aufgebrochen. Wälder und Felder waren verschneit, der Mond schien hell und ich zog meine Spur durch die unberührte Winterlandschaft. Immer geradeaus, entspannt und leicht auf dem tiefen Schnee gehend, querfeldein und ohne auf Wege zu achten, war dies ein Schlüsselerlebnis ... Das Schneeschuhfieber hat mich seit dieser Nacht nicht mehr losgelassen.

Grundprinzip des Schneeschuhwanderns

Warum benutzen wir Schneeschuhe? Im modernen Alltag werden sie kaum vermisst. In Städten und Dörfern ist die winterliche Glätte ein viel größeres Problem als tiefer Schnee. Möchte man sich im Winter aber auf eine Wanderung begeben, sieht es schon anders aus. Ab einer gewissen Schneehöhe wird das Gehen mühsam. Außerdem wird es schwer, den zugeschneiten Weg zu halten. Die Schneeschuhe lösen dieses Problem, da der Schneeschuhwanderer nicht so tief einsinkt und die tief verschneite Winterlandschaft im Mittelgebirge oder im Flachland vielerorts wunderbar querfeldein begangen werden kann.

Ab einer gewissen Schneehöhe wird das Gehen mühsam. Schnell vermissen Sie dann die Schneeschuhe!

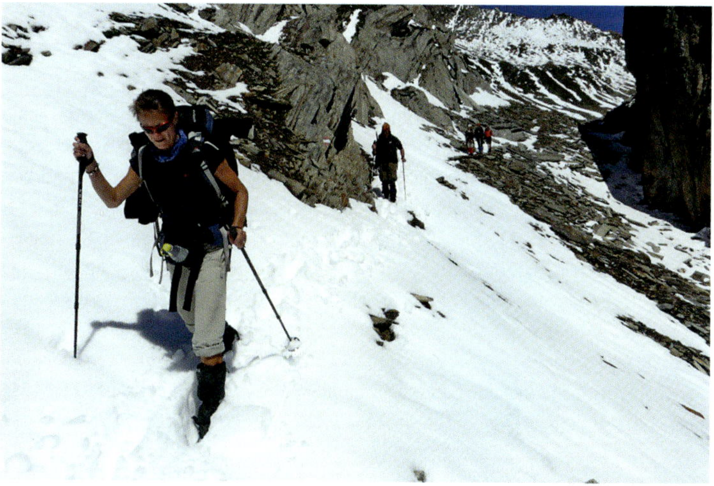

Aus der Lösung eines Problems hat sich nun ein beliebter Wintersport entwickelt. Die wachsende Beliebtheit des Wanderns führt dazu, dass viele Wanderer auch in schneereichen Wintern ihrem Bewegungs- und Frischluftdrang nachgeben möchten. Und welcher freiheitsliebende Naturfreund will sich schon auf ein paar geräumte Winterwanderwege beschränken?

Was ist eigentlich ...

... Firn?

Als Firn bezeichnet man alten Schnee, der sich in den Bergen teilweise bis zum Spätsommer hält. Er ist stark verdichtet, kompakter als Schnee und kann nach kühlen Nächten sehr hart sein.

... Harsch?

Wenn Schnee tagsüber an der Oberfläche antaut und diese Schicht nachts wieder friert, entsteht eine dünne Eisdecke, die Harsch genannt wird. Eine dünne Harschschicht zerbricht unter jedem Schritt.

... Bruchharsch?

Ist die Harschschicht sehr dick, bricht der Schneeschuhwanderer erst ein, wenn er den aufgesetzten Fuß mit seinem ganzen Körpergewicht belastet.

... die Hangexposition?

Die Exposition ist die Ausrichtung eines Hangs. Ein südexponierter Hang bekommt besonders viel Sonne und kann im Frühling schon ohne Schnee sein, während der nach Norden exponierte (= ausgerichtete) Hang schattiger und länger schneebedeckt ist – zumindest auf der Nordhalbkugel.

... ein Skitourengeher?

Skitouren finden in der Regel im Hochgebirge statt. Der Skitourengeher steigt beim Aufstieg wie ein Skilangläufer, allerdings mit schwereren Alpinski. Das Zurückrutschen verhindern unter die Ski geklebte Felle. Diese werden am Gipfel entfernt, um anschließend wie ein Abfahrtskifahrer zu Tal sausen zu können.

Persönliche Voraussetzungen

Jeder Wanderer kann auch im Winter schneeschuhwandern. Die Anforderungen an Kondition und Gehtechnik sind nur unwesentlich höher als beim Wandern, und die Herausforderung kann anfangs durch eine defensive ☞ Tourenplanung in Grenzen gehalten werden.

Wenn Sie im Sommer ohne Probleme vier Stunden wandern, dann planen Sie vielleicht für Ihre erste Schneeschuhtour nur drei Stunden ein. Wählen Sie dafür eine Strecke, die nur halb so lang ist wie die, für die Sie im Sommer vier Stunden brauchen. Und gehen Sie die Sache langsam an. Auch beim Schneeschuhgehen gilt: In der Ruhe liegt die Kraft! Details: ☞ Tourenplanung

Die Anforderungen an Beinkraft und Ausdauer sind beim Schneeschuhgehen etwas höher als beim Wandern im gleichen Gelände und hängen zudem noch sehr

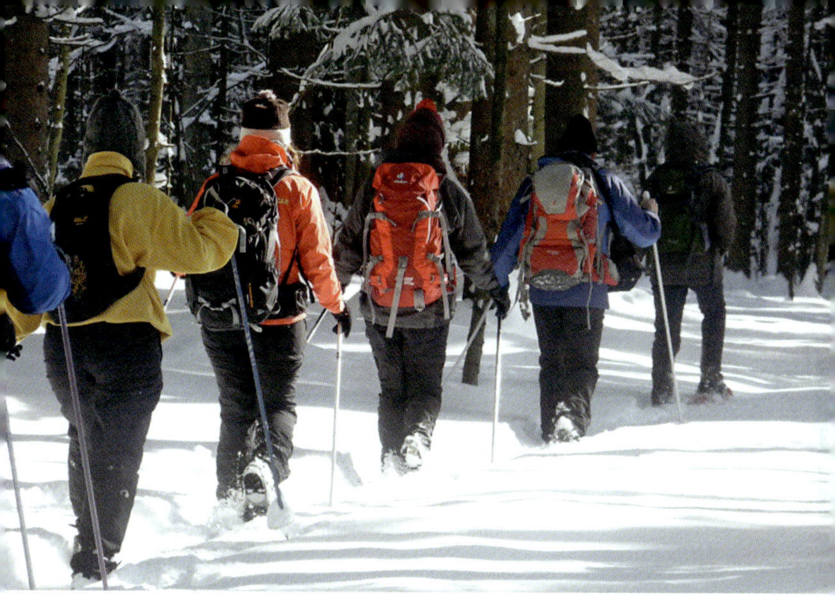

Der Einstieg ins Schneeschuhwandern ist leicht und macht in der Gruppe besonders viel Spaß.

stark von der Schneehöhe und -beschaffenheit ab. Aber wer im Sommer auf Wanderpfaden trittsicher unterwegs ist, wird sich auch auf Schneeschuhen schnell wohlfühlen.

Im Kapitel ☞ Gehtechnik finden Sie Hinweise, wie Sie kraftraubende Anfängerfehler vermeiden können.

✋ In Tourenausschreibungen finden sich oft Passagen wie „keine Vorkenntnisse im Schneeschuhgehen nötig“. Dies wird von Gästen (fälschlicherweise) immer wieder so interpretiert, dass an diesen Touren jeder ohne jegliche weitere Voraussetzungen teilnehmen kann. Gemeint sind aber nur die reinen Schneeschuherfahrungen. Eine gute körperliche Konstitution und die passende Ausrüstung für Winterwanderungen sind natürlich trotzdem notwendig. Leider wird nach dem „keine Vorkenntnisse notwendig“ in der Tourenausschreibung gern mal über Begriffe wie „gute Kondition erforderlich“ und „herausfordernde Route“ hinweggelesen. Neben einer guten Grundkondition braucht es zum Schneeschuhgehen eine gewisse Trittsicherheit und Widerstandsfähigkeit gegen winterliche Wetterelemente wie Kälte, Wind, Schneetreiben etc.

Ausrüstung: Was brauchen Sie?

Für die ersten kurzen Schnuppertouren auf dem Talgrund, im Mittelgebirge oder im Flachland brauchen Sie neben geeigneter Kleidung (☞ Kleidung, ☞ Schuhe) nur ein Paar Schneeschuhe und vielleicht einen Satz Trekkingstöcke.

Werden die Touren länger, so sollten Sie sich mit Ihrer Ausrüstung besonders auf die spezifischen Verhältnisse des Winters einstellen. Die Kombination aus Kälte und schweißtreibender Betätigung erfordert eine gute Planung und spezielle Abstimmung der Kleidung und Notfallausrüstung.

Schneeschuhe

Die klassischen Schneeschuhe, die auch die Trapper in Nordamerika benutzten, gibt es immer noch. Aber sie haben eine Menge Konkurrenz bekommen. Um sich in der Fülle der Modelle zurechtzufinden, sollten Sie sich vor dem Kauf über die funktionellen Unterschiede der Schneeschuhtypen im Klaren sein.

Zuerst ein paar allgemeine Bemerkungen: Je größer der Schneeschuh, desto weniger sinkt er ein. Aber große Schneeschuhe sind im Wald, im Gebirge oder am Rucksack recht sperrig. So ist die Größe des Tellers – oder, wie einige sagen, des Tennisschlägers – immer ein Kompromiss aus Auftrieb und Handlichkeit. Im Flachland oder im waldfreien hügeligen Gelände wäre eine große Auflage optimal, während im steileren Gebirge, im Wald oder im verblockten Gelände die kleineren Modelle ihre Vorteile ausspielen können.

Schneeschuhtypen

Classics in traditioneller Bauweise

Der klassische Schneeschuh aus Holz und Leder wird vor allem von Traditionalisten im offenen und mehr oder weniger ebenen Gelände geliebt, solange er nicht am Rucksack transportiert werden muss. Auch Jäger bevorzugen diese Modelle, da sie leiser sind und weniger im Schnee knirschen als andere.

Die Originale bestehen aus einer zu einem Holzrahmen gebogenen Leiste, deren Enden so zusammengebunden wurden, dass ein Oval (Bear Paws = Bärentatzen) oder eine Tropfenform (Beaver Tails = Biberschwänze) entsteht. Die Tropfenform hält die Schneeschuhe besonders gut in der Spur, weil die hinten im Schnee liegende Spitze ein Verdrehen erschwert. Der vordere Teil ist bei allen Modellen etwas hochgezogen, um besser über den Schnee zu gleiten. Der Holzrahmen wurde mit Leder bespannt und die Bindung ist aus demselben Material. Es gibt guten Halt im Schnee und lässt kaum Pappschneeanhaftungen zu.

Es gibt heute auch preiswerte Modelle mit Bambusrahmen und Neoprenbespannung, die dem traditionellen Modell nachempfunden sind. Dem bevorzugten Gelände entsprechend sind die Auflageflächen sehr groß, meist 80 bis über 90 cm lang und 25 cm breit. Das führt zu einem Gewicht von um die 2,5 kg. Wer im offenen Hügelland bleiben will, kann mit den Holz-Leder-Schneeschuhen viel Freude haben. Sie sind bei den Ausrüstern aber selten im Sortiment und auch im Gelände kaum noch zu sehen. Bekannte Hersteller von guten Holzrahmenschneeschuhen sind Iverson, Faber und GV Snowshoes.

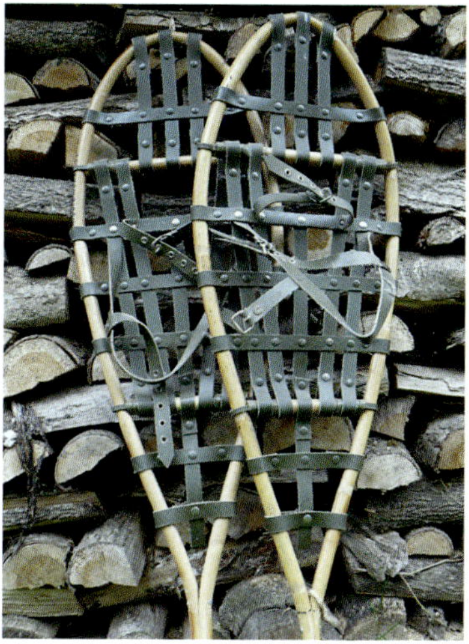

Auch mit einfachen Classics – hier Beaver Tails – können Sie im Flach- oder Hügelland schon viel Spaß haben.

Classics mit Alurahmen

Aus den klassischen Schneeschuhen entwickelte sich durch Verwendung moderner Materialien der „moderne Klassiker“. Auch hier wird eine Tragfläche in einen Rahmen gespannt, wobei Erstere aus einer Kunststoffplane wie z. B. Neopren und Letzterer meist aus Aluminium besteht. Die Front ist auch hier wie beim Ski hochgezogen und die Bindung weiter als beim Traditionsmodell nach vorn verschoben. Das ist bei Anstiegen von Vorteil, steile Abstiege in Falllinie werden bei weit vorn liegender Bindung aber heikel, da man die Ferse nicht in den Schnee drücken kann und Stürze nach vorn wahrscheinlicher werden.

Moderne Rahmenmodelle sind meist mit Harscheisen versehen, deren Zacken sich in verharschten Schnee oder festen Firn eingraben und so den Halt erhöhen. Im lockeren Tiefschnee bringen die Haken allerdings keine Vorteile.

Durch die flexible Tragfläche bei den Rahmenmodellen kommt es seltener zu Schneeanhaftungen unter der Sohle, das nervige „Stollen“ von Pappschneebrocken

(☞ Moderne Schneeschuhe aus Kunststoff) ist damit kaum ein Problem. Lediglich an Bindungen und Harschkrallen oder am frei liegenden Aluminium können sich Schneeklumpen bilden, weshalb Letzteres bei besseren Modellen mit Kunststoff überzogen ist.

Gut geeignet ist diese Kategorie für moderat steiles Gelände, geringe bis mittlere Schneehöhen und mit den entsprechenden Harscheisen auch für steilere Firnfelder und sehr festen Schnee. Die Rahmenmodelle sind mit einem Gewicht ab etwa 1,7 kg aufwärts vergleichsweise leicht und zwischen 65 und 80 cm lang.

Die Unterschiede zwischen den Modellen sind allerdings groß. Vom Einsteigermodell fürs Hügelland bis zu Alpinmodellen mit Harscheisen und auch seitlich flexibler Bindung bietet der Markt ein breites Spektrum. Brauchbare Modelle gibt es schon für € 40, die sehr guten Rahmenschneeschuhe kosten zwischen € 200 und € 300. Gute Hersteller sind z. B. Atlas (die viele Tester überzeugt haben), MSR (mit dem Edelmodell Lightning Ascent), Tubbs und Komperdell.

„Moderns" von TSL aus Kunststoff und „Classics" von Atlas mit Alurahmen

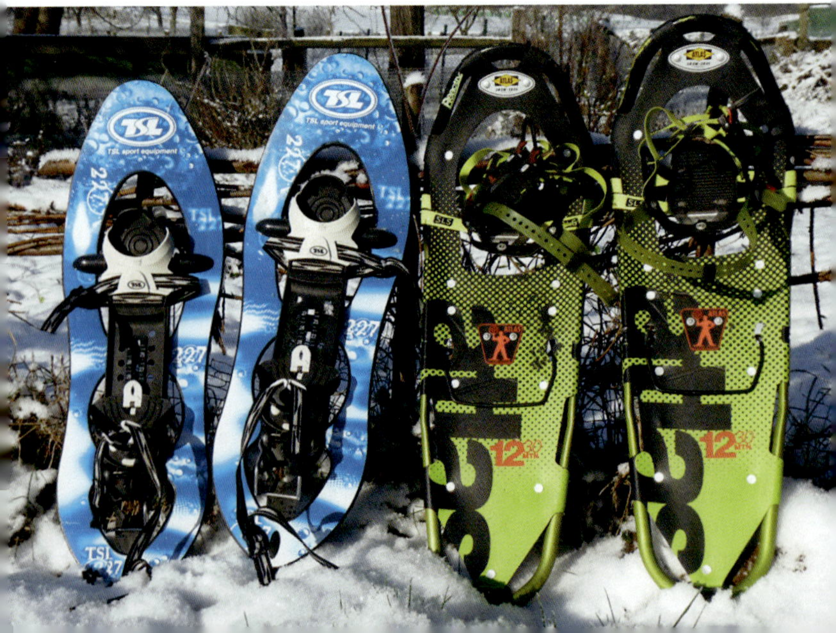

Moderne Schneeschuhe aus Kunststoff

Am vielseitigsten und stabilsten sind die modernen Schneeschuhe aus Kunststoff. Daher sieht man diese auch am häufigsten im Gelände, und die meisten Schneeschuhvermieter schätzen ihre Robustheit. Die unterschiedlichen Modelle sind auf Vielseitigkeit, Haltbarkeit oder den alpinen Einsatz optimiert. Unter den Bindungen, die meist auf einer Drehachse montiert sind, befinden sich auch bei den „Moderns" bissige Harscheisen für feste Untergründe. Außerdem gibt es oft zusätzliche Zacken unter der Tragfläche, eine Art Spikes.

Die Auflageflächen sind im Durchschnitt kleiner als bei anderen Konstruktionen, sie liegen zwischen 55 und 60 cm Länge und bei ca. 20 cm Breite. Optimal für härteren Schnee und Firn, schlagen sie sich aber auch bei anderen Verhältnissen gut. Das Gehen mit den relativ kleinen, um die 2 kg wiegenden Geräten fällt dem Anfänger besonders leicht.

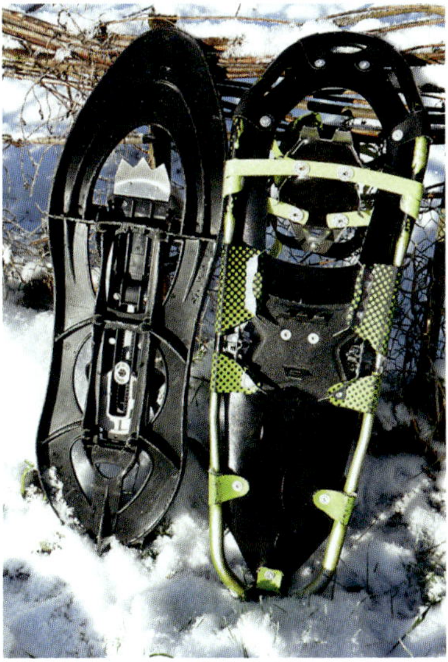

Mögen Sie es hart oder flexibel? Die Unterseite von „Moderns" und „Classics"

Die starren Modelle aus Kunststoff sind auch anderweitig gut zu handhaben. Sie sind schnell am Rucksack verstaut, vertragen auch mal eine Straßenüberquerung und verhindern auf Eisflächen das Rutschen. Das Queren von steilen Hängen und das Überwinden von Gräben und Baumstämmen funktioniert besonders gut, weil bei den besseren Modellen die Bindung im Fersenbereich fixiert werden kann.

Aber auch die Kunststoffschneeschuhe haben einen Nachteil: das Stollen. An den flexiblen Bespannungen der Classics haften Pappschneebrocken viel seltener als an den starren Kunststoffplatten der Moderns. Einige Hersteller haben daher in den letzten Jahren flexible Kunststoffmodelle (z. B. Tubbs Flexalp) auf den Markt gebracht, die nur noch wenig zum Stollen neigen. Für diese tollen Geräte zahlt der Kunde etwas über € 200. Das ist aber noch deutlich preiswerter als die teuersten Alurahmenmodelle.

☺ Um die Stollneigung zu verringern, schwören einige Schneeschuhgänger auf Silikonspray, andere auf PTFE-Spray (Teflon), das etwas besser haftet. Wenn Sie Ihre Schneeschuhsohle damit einsprühen, klebt Pappschnee nicht so leicht am Gerät. Komplett verhindern können Sie das Stollen aber durch die Sprays nicht.

Von MSR gibt es den Denali Evo, der für den alpinen Einsatz optimiert ist. Der Seitenhalt ist bei dem schmalen Modell besonders gut, was das Queren von steilen Hängen erleichtert. Zum senkrechten Abstieg im Steilgelände kann der Schneeschuh durch Abnehmen des hinteren Teils verkürzt werden.

Die meisten Allroundmodelle mit gutem Preis-Leistungs-Verhältnis stammen aus dem Hause TSL.

Besonders bei alpintauglichen Modellen ist der Bug extrem hochgezogen, um steile Anstiege besser meistern zu können.

Einige Modelle verfügen wie ein Surfbrett am Heck über eine kleine „Finne". Sie ist dazu da, den Schneeschuh besser in der Spur zu halten, verringert aber etwas die Wendigkeit.

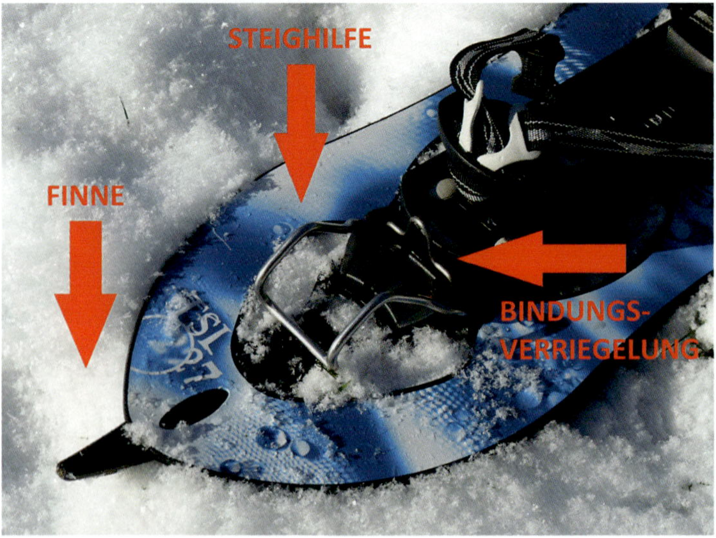

Überlegungen bei Kauf oder Miete

Wie Sie sehen, hängt das für Sie richtige Modell vor allem von den Touren ab, die Sie geplant haben. Und trotzdem wird jeder Schneeschuh immer nur der beste Kompromiss aus den unterschiedlichen Anforderungen sein. Viele Käufer wählen einen möglichst vielseitig einsetzbaren Typ im mittleren Preissegment ... und dort dominieren die Kunststoffschneeschuhe.

☺ Wenn Sie unsicher sind, mieten Sie sich erst einmal ein Paar Schneeschuhe und schauen Sie, wie Sie damit klarkommen. Ausgehend von ersten Erfahrungen wird es vielleicht klarer, welche oben beschriebenen Eigenschaften Ihnen wichtig und welche verzichtbar sind. Mittlerweile vermieten viele Sportgeschäfte und Skiverleihe im Alpenraum und in den Mittelgebirgen Schneeschuhe. Auch die örtliche Sektion des DAV (Deutscher Alpenverein) kann Ihnen möglicherweise direkt Schneeschuhe leihen oder Ihnen einen Vermieter nennen.

Vermieter bieten meist stabile Kunststoffschneeschuhe aus dem mittleren Preissegment an. Bei einigen Sportgeschäften können Sie auch verschiedene Modelle testen.

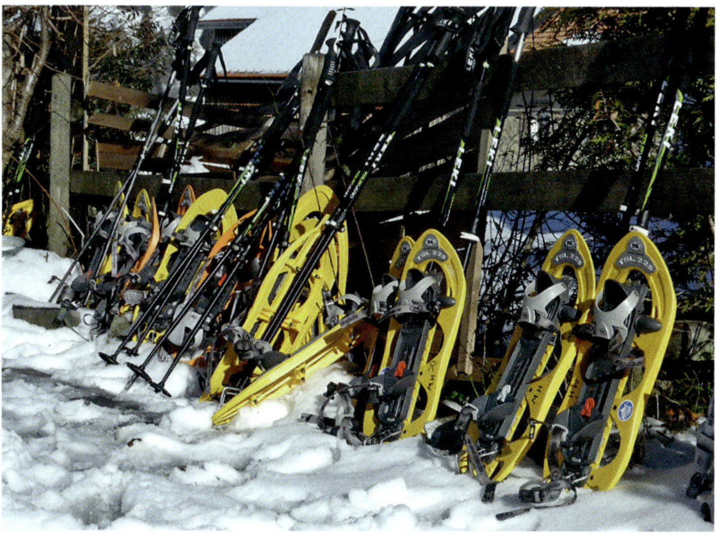

Bindungen

Die Bindungen sind nicht wie bei Abfahrtski komplett fest mit dem Schneeschuh verbunden, sondern ähnlich wie beim Langlaufski nur im Bereich des Vorderfußes. Im Unterschied zum Langlaufski liegt der Drehpunkt der Bindung aber idealerweise unter dem Ballen statt an der Schuhspitze. So können – je nach Modell – die Schuhspitzen oder die Harscheisen beim Aufstieg in den Schnee gerammt werden. Auch für einen ermüdungsarmen Bewegungsablauf ist diese Lage optimal.

Die Drehachse der Bindung liegt bei „Moderns" unter dem Ballen.

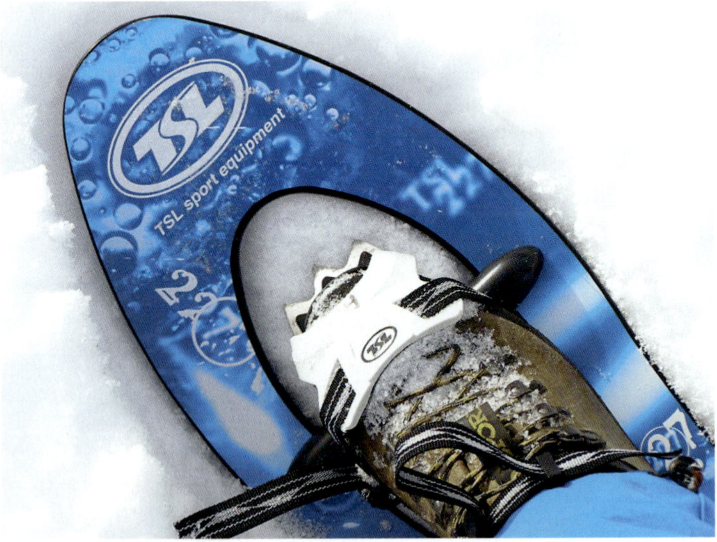

Bei modernen Kunststoffschneeschuhen ist die Trittplatte fest mit einer Achse verbunden und dreht sich so nur in der vertikalen Ebene. Das macht das Queren von Hängen etwas schwerer, da der Wanderer öfter das Knöchelgelenk abwinkeln muss, um die Füße aufsetzen zu können. Viele neuere Modelle versuchen mit besonderen Konstruktionen (seitlich drehbares Gelenk oder dehnbare Aufhängung) eine höhere seitliche Flexibilität zu erreichen.

Bei den klassischen Modellen mit Holz oder Alurahmen sind die Bindungen in der Regel weniger starr, wodurch Hangquerungen komfortabler vonstattengehen. Die Trittplatte ist dabei nicht fest mit dem Gerät verbunden, sondern mit Gummi- oder Kunststoffriemen im Rahmen aufgehängt.

Unterschiede zwischen klassischen Rahmen- und modernen Kunststoffmodellen zeigen sich auch in der Trittplatte selbst. Bei den starren Kunststoffbrettern ist die Trittplatte länger als der Schuh. Während vorn meist

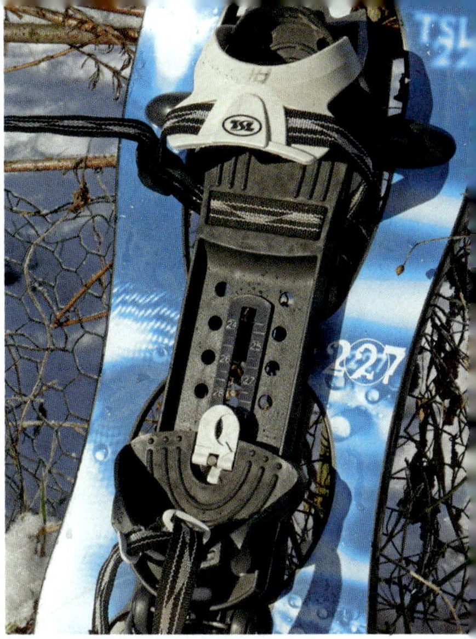

Große, starre Trittplatte bei „Moderns"

Kleine, flexibel aufgehängte Trittplatte bei „Classics"

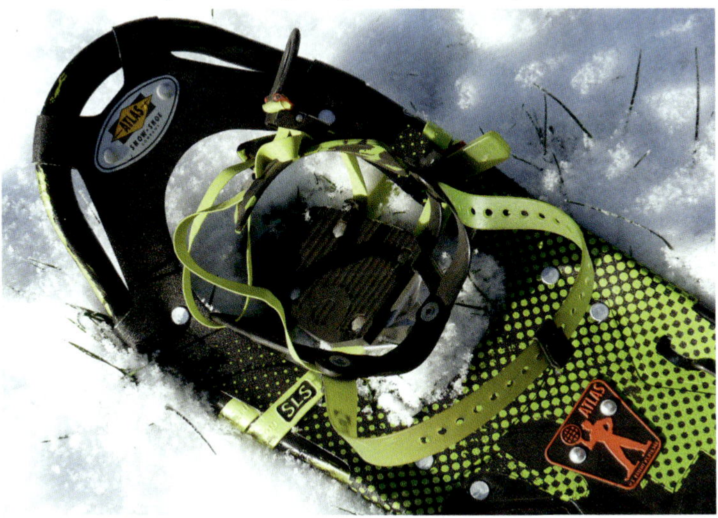

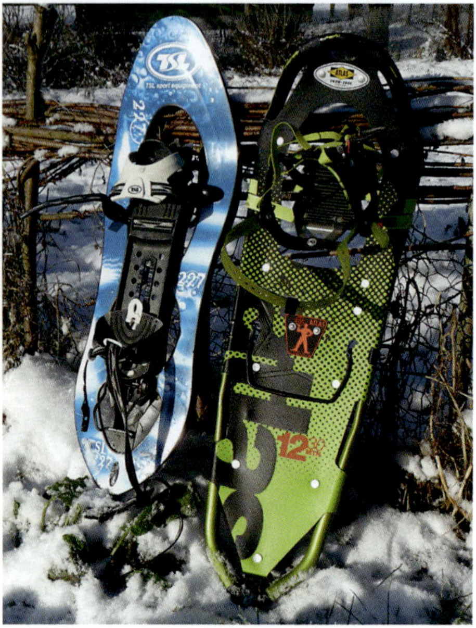

Bindungen im direkten Vergleich: „Moderns" und „Classics"

ein Korb den Schuh hält, wird er hinten über eine Riemen- oder Ratschenbindung in einer Fersenschale fixiert. Er hebt sich dann nicht mehr von der Platte, sondern bleibt während des Gehens fest mit ihr verbunden, während diese sich um die oben erwähnte Achse dreht. Auch die von Steigeisen oder Kurzski bekannten Kipphebelbindungen gibt es heute für Schneeschuhe, sie eignen sich aber eher für spezielle Nutzungen (z. B. Schneeschuhbergsteigen kombiniert mit Snowboard- oder Eistouren).

Die Rahmenmodelle präsentieren meist nur eine kurze Trittplatte, über die der Schuh vorn und hinten hinausragt. Das unterstützt die insgesamt wesentlich dynamischere Verbindung zwischen Schuh und Schneeschuh bei den Classics.

Ein weiteres Konstruktionsmerkmal verstärkt diesen Gegensatz zwischen starren Kunststoffmodellen und dynamischen Rahmenschneeschuhen weiter: die hintere Fixierung der langen Trittplatte bei Kunststoffschneeschuhen. Damit können Schuhe und Schneeschuhe zu einem komplett starren System verbunden werden. Dies zeigt seine Vorteile beim Überqueren von Baumstämmen, Zäunen oder Gräben und insgesamt in schwierigem Gelände. Auch beim Absteigen bzw. -springen im Tiefschnee gibt die hintere Fixierung mehr Sicherheit. In diesen Situationen nervt das unkontrollierte Umklappen der Rahmenmodelle nicht nur, es kann auch zu gefährlichen Stürzen oder Verletzungen durch Umknicken kommen.

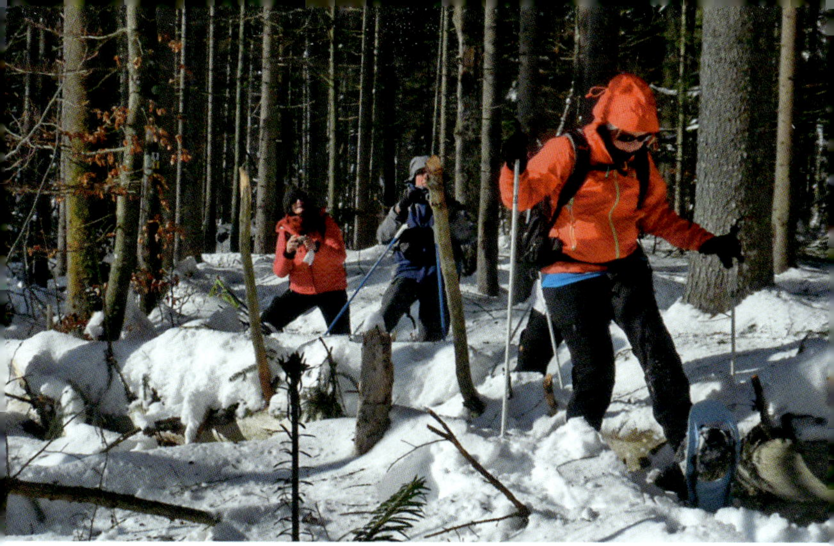

Umklappen der Schneeschuhe beim Überqueren von Baumstämmen

Bei der Bewertung einer Bindung sollten Sie daran denken, dass sie auch mit dicken Handschuhen oder steif gefrorenen Fingern leicht zu bedienen sein sollte. Je filigraner Ratschen und Schnellverschlüsse gebaut sind, desto leichter vereisen sie, was die Bedienung zusätzlich erschwert. Eine einfache Konstruktion ist also nicht immer die schlechtere Lösung. Auch, weil sie in der Regel leichter zu reparieren ist.

Grundsätzlich kann wohl gesagt werden, dass sich bei der Entwicklung der Bindungen noch einiges tun wird. Die oben geschilderten Eigenschaften werden kombiniert oder in die eine oder andere Richtung modifiziert werden. Andererseits verschwinden manche „Neuheiten“ nach kurzer Zeit wieder vom Markt. Die Firma TSL produziert eine besonders große Bandbreite von verschiedenen Bindungen für ihre Schneeschuhe.

☺ Bei einigen Herstellern gibt es die sehr bequeme Schlupfbindung, bei der man den Schuh zwischen zwei handgroße Kunststoffschalen schiebt und fixiert. Die große Auflagefläche vermeidet ein Drücken oder Einschneiden der Riemen, was sonst besonders bei weichen Schuhen vorkommen kann. Zuerst bei den Rahmenmodellen zu sehen, gibt es sie jetzt auch bei den Kunststoffschneeschuhen (z. B. Tubbs Flex QST).

☺ Eine andere praktische Besonderheit ist die Bindung von TSL (z. B. TSL 438), bei der im Abstieg mit der Ferse durch den Schneeschuh hindurchgetreten werden kann. So kann der Schneeschuhbergsteiger seine Absätze in den Schnee rammen, ein Überkippen nach vorn wird vermieden und durch die weniger angewinkelte Beinhaltung wird Kraft gespart.

In Einzelfällen kann es bei starren Bindungen zu Problemen kommen, wenn Ihre Schuhe einen hinten stark abgerundeten Absatz aufweisen. Das ist bei einigen Wanderschuhen der Fall, um beim Gehen ein weicheres Aufsetzen und Abrollen der Ferse zu gewährleisten. Auch einige Winterschuhe haben abgerundete Absätze. Diese passen schlecht mit starren Bindungen zusammen, bei denen die Fersenschale hinten nur wenig hochgezogen ist. Die runden Absätze arbeiten sich über die Kante und man tritt nach einigen Metern auf den hinteren Rand der Fersenmulde. Dieses Problem kenne ich z. B. von der Bindung des Salewa Tacul, die aber mit geraden Sohlen prima funktioniert.

Abgerundete Absätze können bei einigen Bindungen Probleme bereiten.

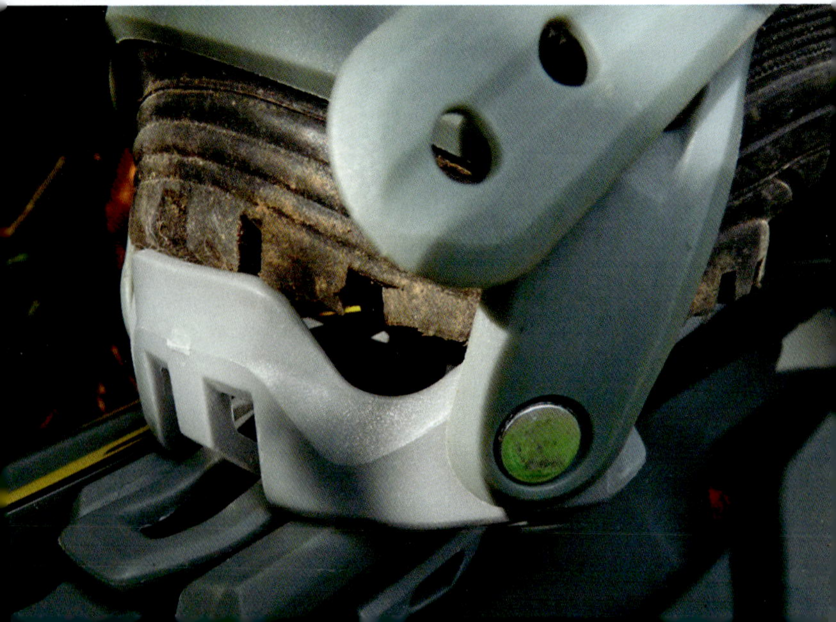

Wenn Sie besonders große Füße haben und sich Schneeschuhe kaufen oder mieten wollen, dann hier ein Hinweis: Glauben Sie nicht den Angaben über passende Schuhgrößen, sondern probieren Sie die Schneeschuhe mit den Schuhen, die Sie auch auf Tour anziehen wollen. Alternativ können Sie die Länge der Sohlen messen.

Ich hatte bei einer Führung das Problem, dass mein Gast mit Schuhgröße 49 ½ nicht in das Kunststoffmodell von TSL passte, das bis Schuhgröße 50 ausgelegt war. Woran lag es? Seine Wanderschuhe hatten einen vergleichsweise weit nach hinten herausgezogenen Absatz, der mit einer Gummilippe ein weiches und gelenkschonendes Aufsetzen gewährleistet. In die Fersenmulde der Schneeschuhbindung passte der Schuh dann aber aufgrund seiner Konstruktion nicht mehr hinein. Ein Leihmodell in Rahmenbauweise mit flexibler Bindung hätte das Problem gelöst.

Manche Modelle unterscheiden einen rechten und einen linken Schneeschuh, bei anderen gibt es keinen Unterschied. Wenn Sie es perfekt machen wollen, dann achten Sie darauf, dass die Schnallen, mit denen Sie die Schuhe befestigen, außen liegen. Das verhindert, dass sie sich beim Gehen verhaken und so zur Stolperfalle werden.

Harschkrallen

Die Harschkrallen oder Harscheisen bieten Halt auf festem Schnee, Firn, Eis und ausgeaperten (schneefreien) Flächen. Sie sind vor allem für Touren wichtig, die nicht nur eben im Tiefschnee verlaufen.

Die Krallen unter dem vorderen Bereich der Trittplatte (Schuhspitze) werden bei steilen Anstiegspassagen fest in die Schneefläche getreten. Sie sind meist um die 3 cm lang und halbkreisförmig angeordnet, um ein Rutschen nach hinten und zu den Seiten zu verhindern.

Weitere Harscheisen befinden sich bei Rahmenmodellen, die für den alpinen Einsatz gebaut sind, in Form eines Sägeblattes längs unter dem Rahmen. Sie verhindern vor allem das seitliche Abdriften bei Hangquerungen. Auch bei modernen Kunststoffschneeschuhen für die Bergregionen finden sich hin und wieder solche gezackten Schienen.

Billige Schneeschuhmodelle ohne Harscheisen sind nur bei guten Schneeverhältnissen in leicht hügeligem oder ebenem Gelände brauchbar. Aber auch dort werden Wanderer schon bei der ersten steileren Stelle die Krallen vermissen!

Fazit: Für den Einsatz bei unterschiedlichen Verhältnissen sind Harschkrallen sehr wichtig!

Harscheisen verhindern das Rutschen auf hartem Untergrund und erleichtern steile Aufstiege.

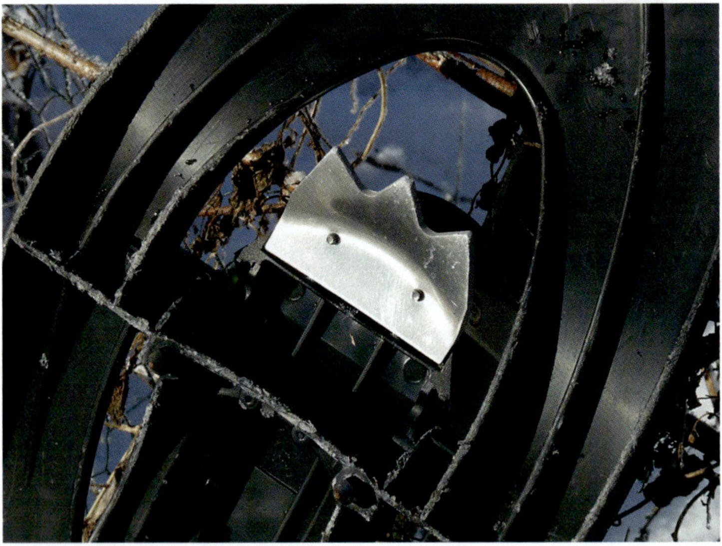

Steighilfe

Sehr komfortabel und kraftsparend bei steilen Anstiegen ist die sogenannte Steighilfe. Meist wird dazu bei angehobener Ferse ein Drahtbügel oder ein Kunststoffblock unter die Trittplatte oder den Wanderschuh geklappt. Einige Konstruktionen lassen sich stehend mit dem Trekkingstock bedienen. Das ist sehr bequem. Bei anderen muss sogar der Handschuh ausgezogen werden, was nicht nur kalt, sondern auch sehr lästig wird.

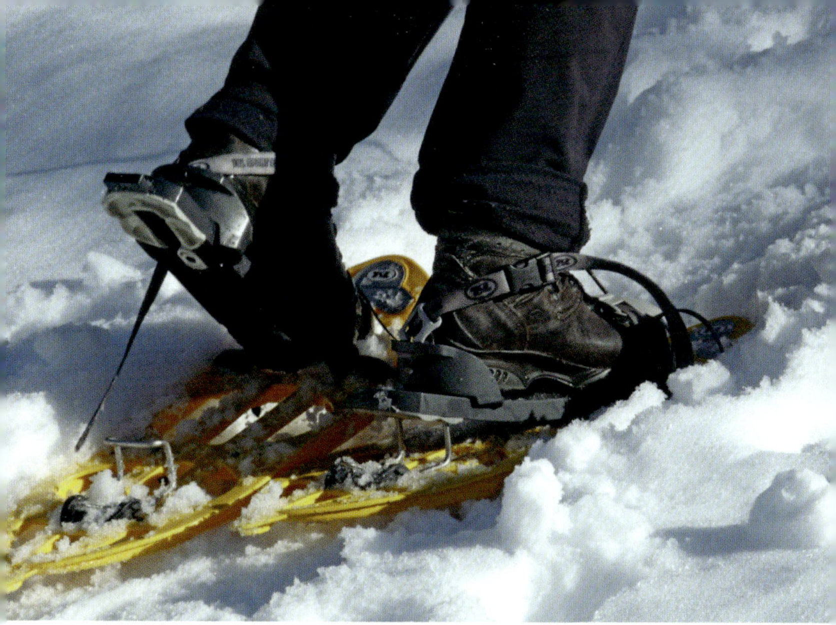

Die Steighilfe wird bei Steigungen unter die Sohlenplatte geklappt.

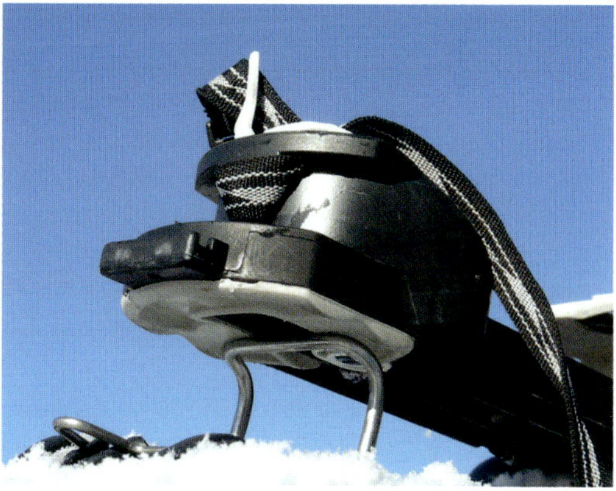

Durch die Steighilfe wird die Wade beim Aufstieg weniger gedehnt. Es kraxelt sich bequemer, man steht stabiler und sicherer auf dem Schneeschuh. Ohne Steighilfe muss der Wanderer ab einer gewissen Steilheit die Fersen anheben und auf dem Ballen gehen. Das kostet sehr viel Kraft.

Fazit: Achten Sie beim Kauf auf eine Steighilfe, wenn Sie nicht nur im ebenen oder leicht hügeligen Gelände laufen wollen.

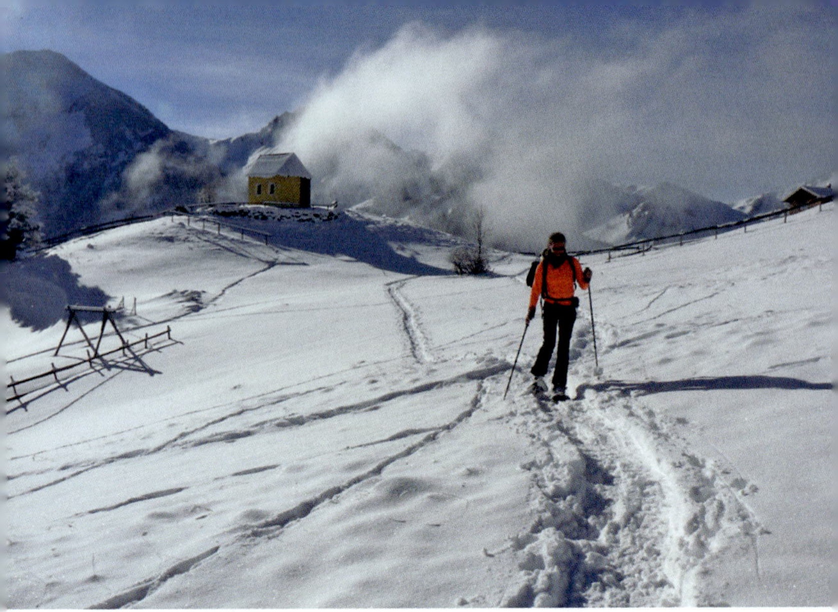

Auch in der schmalen Spur immer im Gleichgewicht – mithilfe der Trekkingstöcke

Stöcke

Wer schon im Sommer auf Trekkingstöcke schwört, der wird sie im Winter erst recht lieben. Aber auch den Wanderern, die im Sommer lieber die Hände frei haben, seien für den Wintereinsatz Trekkingstöcke empfohlen. Bei Aufstiegen oder beim Spuren im Schnee sparen Sie viel Beinkraft. Beim Abstieg oder an hakeligen Stellen wie der Überquerung eines Grabens, Baumstammes oder Zauns helfen sie, das Gleichgewicht zu halten. Voraussetzung für einen Nutzen ist aber – wie bei Sommertouren – die richtige Anwendung der Stöcke.

Teleskopstöcke stammen ursprünglich aus dem Skitourengehen und haben sich in den 80er-Jahren dann über das Expeditionsbergsteigen und das Bergsteigen in den Wanderbereich ausgebreitet. Leider zeigen viele Untersuchungen, dass der richtige Einsatz der Stöcke kaum einem Nutzer gelingt. Grund dafür ist vor allem die Unkenntnis über die Gehtechnik mit Stöcken. Einige hilfreiche Hinweise dazu gibt die Seite 💻 www.trekkingguide.de/knowhow/gehtechnik.htm

Die meist dreiteiligen Teleskopstöcke sind in der Länge verstellbar. Das zahlt sich vor allem bei Schneeschuhtouren aus, weil je nach Größe und Art der Schneeschuhe und des Schneetellers sowie der Schneebeschaffenheit eine Anpassung nötig ist. In frischem, kaltem Pulverschnee sinkt der Stock tiefer ein als auf festem Firn und muss dann etwas verlängert werden. Starre Nordic-Walking-, Ski- oder Langlaufstöcke sind nicht so gut geeignet und bei der Anreise oder am Rucksack auch umständlicher zu transportieren.

Eine Federung der Stöcke ist überflüssig und verursacht nur unnötiges Gewicht. Dafür lohnt es sich aber, auf den Verriegelungsmechanismus zu achten. Die klassischen Dübelsysteme klemmen einen Kunststoffdübel im Stock fest, indem eine konische Schraube in den Dübel gedreht wird und diesen spreizt.

Stabiler Kipphebelverschluss links, klassisches Spreizdübelsystem rechts (Letzteres könnte mal eine Gewindereinigung vertragen!).

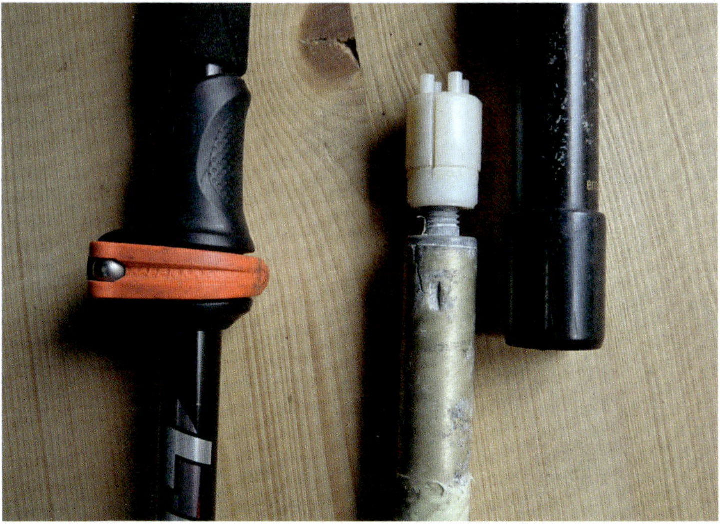

Die Spreizdübelsysteme funktionieren bei sehr niedrigen Temperaturen schlechter. Einerseits haftet der Dübel weniger gut im Stock, andererseits dreht sich die Schraube nicht so geschmeidig im Dübel. Dazu kommt bei Touren im

Schnee, dass der Wanderer den Stock in den Schnee einsticht und im Vorbeigehen eine leichte Drehbewegung des Griffes auslöst. Weil der Schneeteller dabei das untere Element fest im Schnee hält, dreht man den Stock immer mal wieder los.

☺ Bevor es andere Systeme gab, hatte ich mir angewöhnt, alle paar Meter mal den Stock nachzuziehen. Das funktioniert schnell und effektiv, indem man im Gehen das untere Element des rechten Stockes mit der linken Hand kurz anzieht, während die rechte Hand weiterhin den Griff festhält – umgekehrt dann beim anderen Stock. Auch eine Reinigung des Dübelsystems kann die Probleme sommers wie winters in Grenzen halten. Dazu ziehen Sie den Stock ganz auseinander und befreien den Dübel und die Schraube von Kalk- und Sonnencremeresten, die den Weg in den Stock gefunden haben. Das Rohr reinigen Sie von innen am besten mit einem Flaschenbesen.

Besser sind die etwas moderneren Systeme mit der außen liegenden Kipphebelbindung. Diese funktioniert wie der Schnellverschluss an der Achse eines Rennrads oder Mountainbikes. Über eine kleine Schraube kann die Festigkeit reguliert werden.

Bei Querung steiler Hänge fasst man den bergseitigen Stock unterhalb des Griffes.

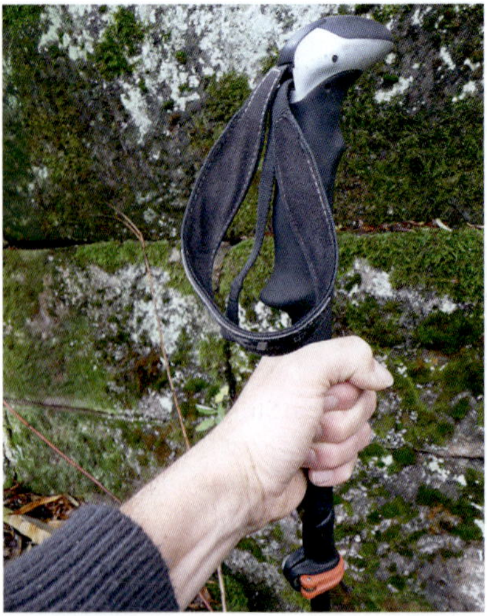

Trekkingstöcke für den Winter sollten etwa 120 bis 140 cm lang sein, je nach Körpergröße des Nutzers. Messen Sie dazu bei gestrecktem Bein die Strecke von der Unterkante des Wanderschuhabsatzes bis vier Finger breit oberhalb des Hüftknochens. Das ist die Mindesthöhe, die Sie brauchen (☞ Einstellung der Stöcke). Eine Gummi- oder Schaumstoffmanschette unterhalb des Griffes erleichtert die Bedienung mit Handschuhen bei steilen Hangquerungen, denn da muss der Stock auf der Bergseite vorübergehend kürzer gegriffen werden.

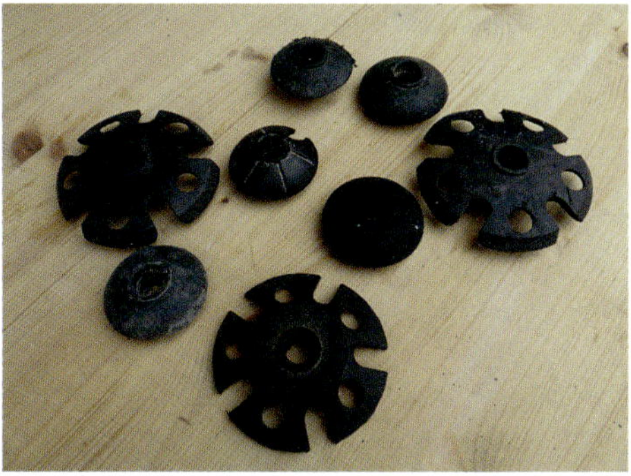

Schnee- und Wanderteller finde ich immer mal wieder am Wegesrand, sie sollten also besser sorgfältig – bis zum Einrasten – festgedreht werden!

Die Trekkingstöcke sollten einen Schneeteller mit großem Durchmesser montiert haben. Die kleinen Teller für die sommerliche Wanderung können von der Stockspitze entfernt und gegen spezielle Schneeteller ausgetauscht werden. Diese sollten so um die 10 cm Durchmesser aufweisen, damit sie nicht im Schnee versinken, aber auch nicht zu unhandlich werden.

Im Sportfachgeschäft oder im Internet gibt es Schneeteller ab ca. € 5 pro Paar. Da die Befestigungssysteme unterschiedlich sind und der Austausch manchmal etwas Kraft und handwerkliches Geschick erfordert, nehmen Sie die Stöcke am besten gleich mit in das Sportgeschäft Ihres Vertrauens. Dort wird man Ihnen sicher gern die Teller wechseln bzw. die Mechanik erläutern.

Schuhe

Ob Wander-, Trekking- oder Bergschuh, alle Typen sind zum Schneeschuhwandern grundsätzlich geeignet. Aber die Schuhe sollten deutlich über den Knöchel hinaufreichen, damit kein Schnee hineingerät. Die Hose oder ein Paar Gamaschen sollten mit den Schuhen fest abschließen können. Außerdem sollten sie für längere Touren und bei nassem Schnee wasserdicht sein.

Um kalte Füße zu vermeiden, wählen Sie am besten Schuhe, die nicht zu eng sind. Sie sollten Platz für ein (evtl. zusätzliches) Paar dicke Strümpfe bieten. Wenn Sie Ihre Zehen kaum noch bewegen können, werden sie schnell kalt. Im Zweifelsfall ist etwas mehr Platz im Schuh besser als viele dicke Socken. Erfrierungen der Zehen haben auch beim Bergsport oft mit zu engen Schuhen zu tun.

Andererseits sollten die Schuhe nicht zu weit sein, damit sie genügend Seitenhalt bieten. Gerade beim Queren von Hängen oder bei unebenem, unberechenbarem Untergrund, z. B. wenn eine dünne Lage frischer Schnee auf einer festen, alten, zertretenen Spur liegt, rutscht man leicht mit den Füßen nach rechts oder links von der Sohle.

☺ Falls Sie besonders schmale Füße haben, lassen Sie sich beim Kauf Schuhmodelle zeigen, die darauf zugeschnitten sind! Manche Schuhe eignen sich eher für Menschen mit breiten, andere für Menschen mit schmalen Füßen. Auch mit speziellen Einlagen kann das Fußbett etwas eingeengt werden.

Ist der Wanderschuh sehr weich, können die Riemen der Bindung unangenehm einschneiden. Außerdem hemmt das die Blutzirkulation und führt zu kalten Füßen. Abhilfe schaffen eine Schlupfbindung, die kaum einschneiden kann (☞ Bindungen), oder festere Schuhe. Bei weichen Schuhen läuft es sich besser mit einer starren Plattenbindung, die mehr Halt bietet und die Verwindung des Schuhs etwas hemmt.

Spezielle Schuhe brauchen Sie beim Schneeschuhwandern nicht, sofern Sie über stabile knöchelhohe Wanderschuhe verfügen.

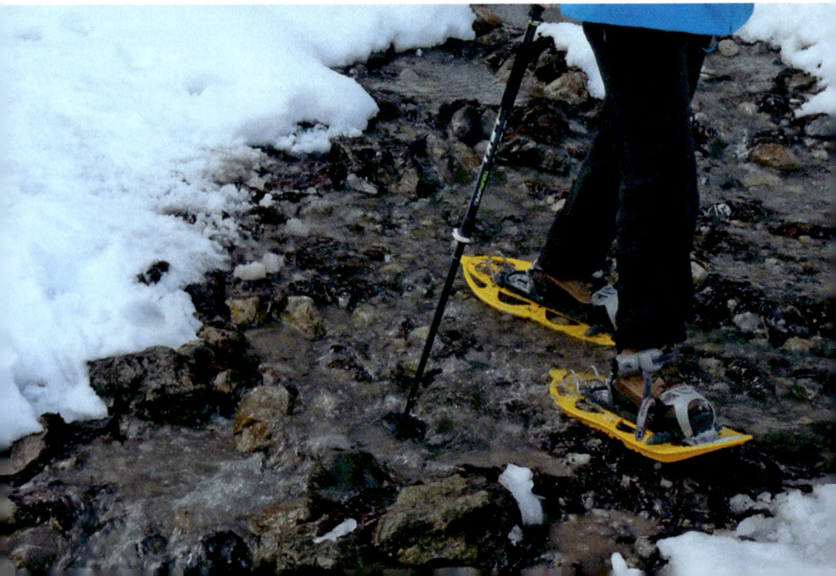

Auch spezielle Winterschuhe sind zum Schneeschuhwandern geeignet, besonders in kalten Regionen oder auf hohen Alpengipfeln. Damit meine ich aber nicht die Alltagsmodelle aus dem Schuhladen, sondern besondere Winterwanderstiefel. Sie verfügen über eine solide Konstruktion und eine zum Wandern geeignete Profilsohle, sind aber besser isoliert als ihre sommerlichen Verwandten. Vor allem Menschen, die an den Füßen schnell schwitzen, sollten es aber mit der Isolierung nicht übertreiben. Zu warme Schuhe führen zu feuchten Socken, und die wiederum kühlen den Fuß erst recht aus.

Ob man sich schon für die ersten Schneeschuhversuche spezielle Winterstiefel leisten will, ist wohl abhängig vom eigenen Geldbeutel und von der Möglichkeit, diese vielleicht auch anders sinnvoll einsetzen zu können.

☺ Wenn Sie an mehreren Tagen hintereinander Schneeschuhwanderungen unternehmen oder bei Schneeschuhtrekkingtouren gilt es darauf zu achten, dass die Schuhe trocken bleiben oder über Nacht wieder trocknen können. Das gelingt bei Schuhen mit einer GoreTex- oder ähnlichen Membran besser als mit Volllederschuhen. Andererseits besteht bei Schuhen mit Membran die Gefahr, dass die Feuchtigkeit vom Außenschuh über Nacht durch die Membran in das vorher trockene Innere wandert. Auch diese Schuhe sollten also sorgfältig von innen und außen getrocknet werden.

✋ Vermeiden Sie beim Trocknen der Schuhe zu starke Wärmequellen. Große Hitze schadet nicht nur Lederschuhen, sondern bringt auch bei anderen Schuhen im Extremfall den Kleber zum Schmelzen, der die Sohle am Schuh hält. Das alte Hausmittel (trockenes) Zeitungspapier hilft gut, und viele Hotels, besonders in den Winterurlaubsgebieten, verfügen über spezielle Trockenräume.

✋ Einige Wanderschuhmodelle aus dem Sommer sind mit speziellen Belüftungssystemen versehen (z. B. Meindl Air Revolution) oder durch Luftlöcher besonders atmungsaktiv. In diesen Schuhen werden die Füße im Winter schnell kalt.

☺ Denken Sie bei der Schuhwahl auch daran, dass bei vielen Schneeschuhtouren einige Passagen gewandert werden, z. B. auf geräumten Wegen oder auf schneefreien Hängen.

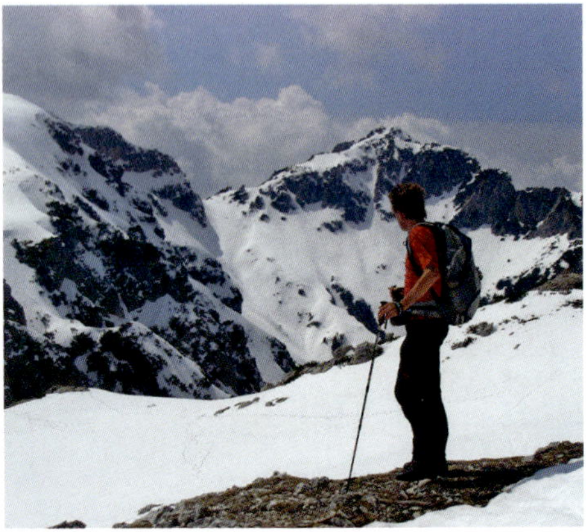

Die Schuhe sollten – für schneefreie Passagen – auch zum Wandern geeignet sein, glatte Sohlen verbieten sich hier von selbst.

Viele Snowboardfahrer nutzen für den Aufstieg ihre Schneeschuhe mit Softboots, Bergsteiger auf kombinierten Eis-Fels-Touren bevorzugen Hochtourenstiefel. Für beides existieren mittlerweile besondere Bindungen.

Neuerdings werden spezielle Winterwanderschuhe mit Step-In-Technik angeboten, z. B. von TSL. Wie vom Langlaufski bekannt, klickt man den Schuh dabei einfach und schnell in die dazu passende Bindung ein.

Kleidung

Ein besonderes Kennzeichen bei Wintertouren – vor allem im Gebirge, aber auch grundsätzlich – ist die breite Spanne bei der gefühlten Temperatur, in der Sie unterwegs sind. Sie haben das sicher schon gesehen: Auch bei Lufttemperaturen weit unter 0° C liegen alpine Skifahrer im T-Shirt im Liegestuhl und sonnen sich, als befänden sie sich im Sommerurlaub am Strand. Sobald sich aber die erste kleine Wolke vor die Sonne schiebt, greifen dieselben Personen hektisch zur Daunenjacke.

Das liegt am Unterschied zwischen Lufttemperatur und Strahlungswärme. Obwohl die Lufttemperatur sehr niedrig ist, fühlt sich die Strahlung der Sonne warm an. Sobald Sie aber in den Schatten geraten und von einem großen Teil der Strahlung abgeschirmt werden, greift die Kälte zu und Sie spüren, wie kalt die Luft wirklich ist.

Ein weiterer Faktor, der im Winter eine besondere Rolle spielt, ist die Auskühlung durch den Wind (wind chill effect). Lufttemperaturen von knapp unter 0° C können sich bei starkem Wind schnell auch mal wie -10° oder -15° C anfühlen. Aus diesem Grund gehen Wetternachrichten in den letzten Jahren dazu über, immer auch mal von der „gefühlten Temperatur" zu sprechen, denn diese unterscheidet sich oft wesentlich von den reinen, messbaren Lufttemperaturen.

Strahlungswärme und Windauskühlung führen dazu, dass Sie z. B. auf einer Schneeschuhwanderwoche in den Alpen oder im Bayerischen Wald mal im T-Shirt laufen und eine halbe Stunde später in mehreren Kleidungsschichten inklusive Daunenjacke eine Rast einlegen. Das ist – zugegeben – ein extremes Beispiel und nicht dauernd der Fall, aber es zeigt, auf was Sie im Winter – bekleidungstechnisch – vorbereitet sein sollten.

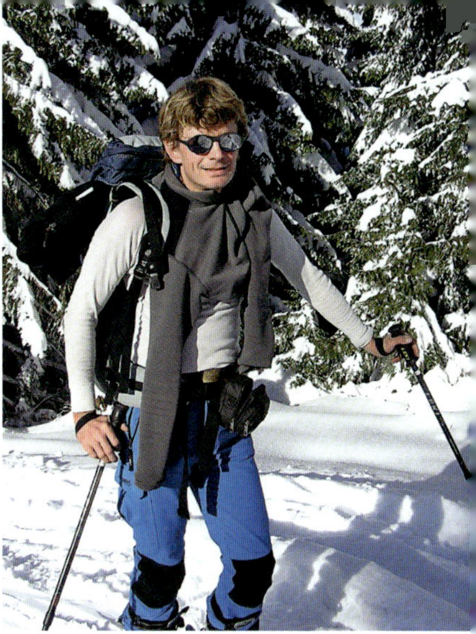

Bei Windstille und Sonnenschein kann es schnell warm werden.

Zwiebelprinzip

Die oben genannten Beispiele zeigen schon, dass es auf Schneeschuhtouren nicht nur auf warme Kleidung, sondern auch auf Flexibilität ankommt. Mit mehreren dünnen Kleidungsschichten können Sie viel besser auf wechselnde Temperatur- und Windverhältnisse reagieren als mit wenigen dicken Lagen. Feucht gewordene Schichten können ausgezogen werden, außerdem trocknen dünnere Kleidungsstücke schneller.

Wohl dem, der mehrere Kleidungsschichten variieren kann.

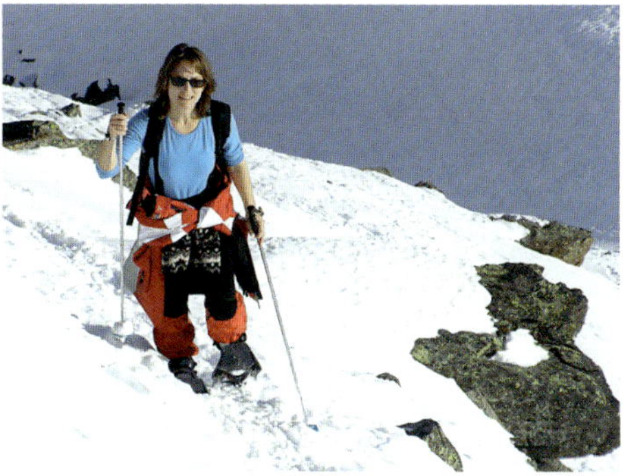

☺ Probieren Sie vor der Tour zu Hause aus, ob Sie problemlos alle Kleidungsstücke übereinander tragen können, ohne dass es zu eng wird. Sie brauchen Bewegungsfreiheit, das Umziehen soll keine Operation werden und die Isolation funktioniert am besten, wenn die Kleidungsschichten weder zu eng noch zu weit übereinanderliegen.

Unterwäsche

Gute Outdoorbekleidung fängt bei der Unterwäsche an. Sie soll den unvermeidlichen Schweiß von der Haut wegführen und schnell nach außen abgeben. Unterhemden sollten schnell wieder trocknen. Das funktioniert am besten mit modernen Kunststofffasern. Das klassische Baumwollunterhemd saugt sich voll, gibt die Feuchtigkeit nicht weiter und kühlt den Träger oder die Trägerin anschließend aus.

Zum Warmhalten ist es entscheidend, dass das Unterhemd über die ganze Fläche am Körper anliegt, ohne unangenehm einzuschnüren. Zu weite Unterhemden, z. B. im klassischen T-Shirt-Schnitt, lassen ein Luftpolster über der Haut entstehen. Die hier zirkulierende Luft wirkt kühlend – ein Effekt, der im Winter eher vermieden werden soll.

☺ Seit es spezielle Outdoorunterwäsche gibt, nehme ich auf sommerlichen Tagestouren nur noch selten ein Ersatzunterhemd mit. Im Winter möchte ich aber nicht darauf verzichten. Sobald eine längere Pause eingelegt wird, wechsle ich das getragene – vielleicht nur kaum wahrnehmbar angefeuchtete – Unterhemd gegen ein trockenes aus. Trotz des kurzen Kälteschocks beim Umziehen verhindert das die weitere Auskühlung. Nach längeren Pausen oder bei trockenen Wetterverhältnissen am Rucksack hängend ist das ausgezogene T-Shirt bald trocken. So kann es bei der nächsten Pause wieder seine Position am Körper einnehmen.

Socken und Strümpfe

Socken **und** Strümpfe? Ja, die beiden schließen sich nicht aus. Ich trage beim Schneeschuhgehen meist ein Paar dünne Socken (= knöchelhoch) direkt auf der Haut und ein Paar etwas dickere Kniestrümpfe darüber. So bekomme ich selten Blasen und kann die dünnen Socken, wenn sie feucht geworden sind, gegen ein trockenes Paar aus dem Rucksack austauschen. Das verhindert erfolgreich kalte Füße und die dünnen kurzen Socken erhöhen das Rucksackgewicht kaum.

Die etwas dickeren Kniestrümpfe bilden die Wärmeisolation. Sie sollten aber nicht zu dick sein. Einerseits werden die Füße kalt, wenn es im Schuh zu eng zugeht, andererseits neigen zu warm eingepackte Füße zum Schwitzen und feuchten die Socken an – und das führt anschließend zur Auskühlung. Wenn die Strümpfe etwas länger sind, wärmen sie auch die Unterschenkel. Auch das trägt zu warmen Füßen bei.

Ein Vorteil von heruntergeschobenen Kniestrümpfen: Der Wulst über dem Schuhrand verhindert das Eindringen von Schnee in den Schuh und das Eindringen von kalter Luft in das Hosenbein. Stulpen oder Overknees (☞ Hose) bieten ähnliche Funktionen.

Gamaschen

Gamaschen verhindern das Eindringen von Schnee von oben in den Schuh bzw. von unten in die Hose. Das passiert besonders häufig, wenn man mal vom Schneeschuh in den Schnee steigt. Auch beim Überwinden von steilen Passagen oder Gräben kann der Kontakt zum Schnee sehr intensiv werden. Beim schnellen Gehen mit Schneeschuhen wird hin und wieder Schnee vom hinteren Teil der Schneeschuhe gegen das Hinterteil oder die Beine des Wanderers geworfen.

Gamaschen schützen vor eindringendem Schnee.

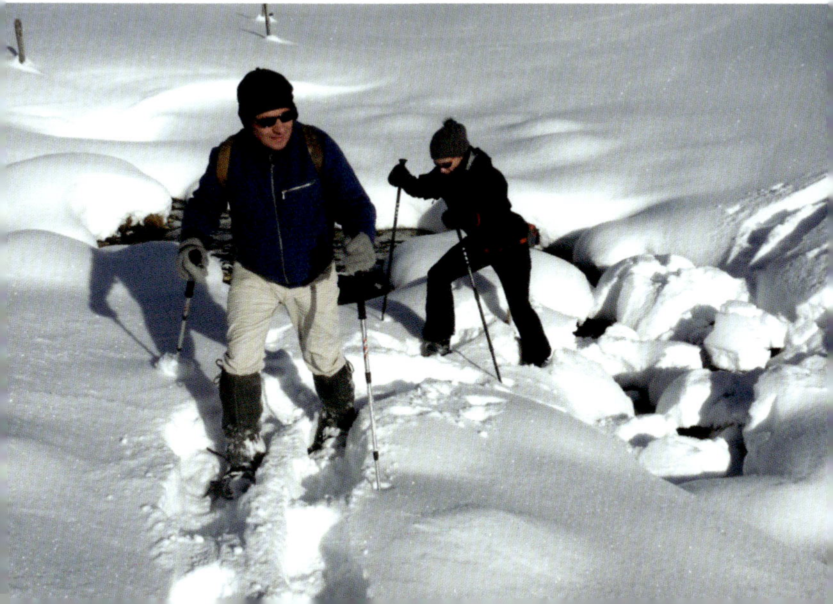

Die Gamaschen sollten einen unter dem Schuh durchlaufenden Befestigungsriemen besitzen, damit sie beim Tritt in den Schnee nicht hochrutschen. Ist der Schnee so beschaffen, dass die Gamaschen nicht nötig sind, dann nehmen Sie sie lieber ab, da sie das Schwitzen am Unterschenkel fördern und den Feuchtigkeitstransport des Schuhs behindern.

Bei einigen Tourenhosen ist die Gamasche schon im Hosenbein integriert. Entscheidend ist, dass sie zuverlässig am Schuh befestigt werden kann.

Hose

Eine gute Wanderhose eignet sich auch für Schneeschuhtouren. Besonders angenehm tragen sich Modelle mit einem Anteil flexibler Stretchfasern, die jede Bewegung der Knie mitmachen, ohne zu spannen.

Moderne Kunstfasern sind traditionellen Baumwollstoffen vorzuziehen, da Letztere schnell Feuchtigkeit aufnehmen und anschließend die Beine auskühlen. Obwohl man es immer mal wieder sehen kann: Eine eng sitzende modische Baumwolljeans ist zum Schneeschuhwandern denkbar ungeeignet.

Die Hose muss nicht unbedingt gefüttert sein. Bei Sonnenschein wird es auch im Schnee oft recht warm, da entpuppen sich dünne Stoffe – vielleicht sogar mit Belüftungsmöglichkeiten – als überraschend angenehm. Bei kälteren Temperaturen können Sie mit einer unter der Wanderhose getragenen Leggings die Kälte fernhalten.

Nicht zu eng, ergonomisch geformt und lang genug soll die Hose sein.

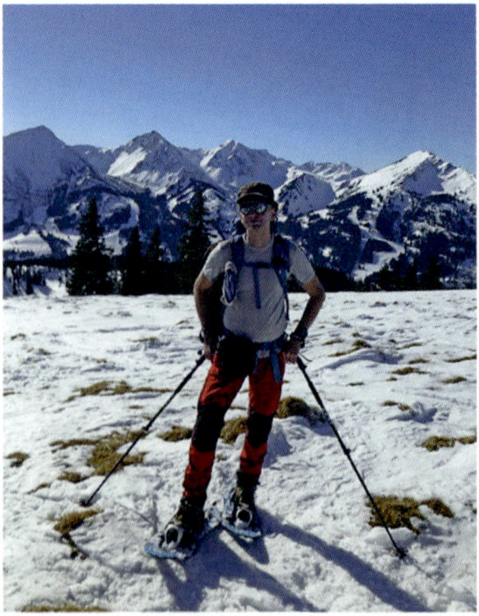

Bei aufkommendem kalten Wind kann eine leichte Regenhose übergezogen werden. Viele Modelle verfügen über Außenreißverschlüsse. So brauchen Sie beim Anziehen der Regenhose – oder nennen wir sie „Überhose“ – die Wanderschuhe nicht auszuziehen.

Die Hose sollte nicht zu kurz ausfallen, sonst dringt leicht Schnee in die Schuhe, wenn Sie keine Gamaschen tragen.

☺ Mit „Overknees", gestrickten langen Stulpen, die Sie über die Knie bis an den Oberschenkel hochziehen können, sind Sie sehr flexibel unterwegs. Wird es im Laufe des Tages wärmer, schieben Sie die Stulpen einfach bis auf die Schuhe hinunter. Die darüberliegende Wanderhose sollte dann aber nicht zu eng sitzen, damit das gut funktioniert.

Pullover/Softshell

Früher nannte man es Pullover, heute im Outdoor-Denglisch meist Fleece, Softshell oder Second Layer. Gemeint ist die isolierende Schicht zwischen Unterwäsche und Jacke.

Dem ☞ Zwiebelprinzip entsprechend ist es günstiger, mehrere Schichten statt eines dicken Pullovers zu verwenden. Sie könnten im Winter z. B. über dem Unterhemd einen dünnen, eng anliegenden Fleecepullover mit hohem Kragen und Reißverschluss und darüber eine wärmende Fleecejacke oder dünne Daunenjacke tragen. So sind Sie für alle Temperaturen gerüstet und für alle Wetterverhältnisse variabel gekleidet.

Ein Softshell mit Kapuze bietet im Winter Vorteile, da er eine Mütze ersetzt und sogar besser als die Mütze Zugluft im Nacken verhindert.

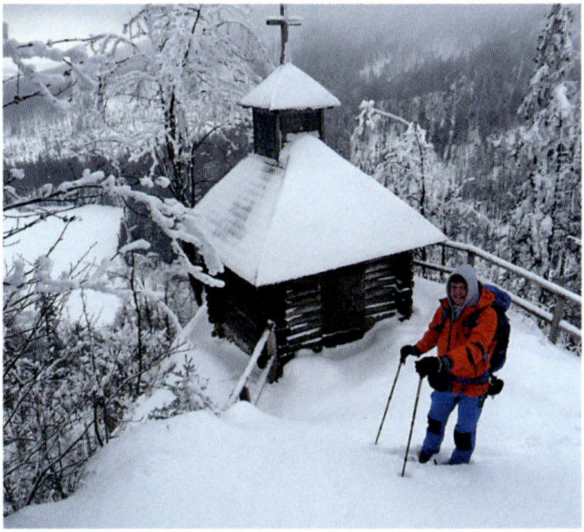

☺ Ein hoher Kragen isoliert den Hals und damit einen Körperteil, der durch seine starke Durchblutung viel Wärme abgibt. So beugen Sie einer Auskühlung wirksam vor. Der Kragen sollte aber mit einem Reißverschluss versehen sein, damit Ihnen bei zunehmender Tagestemperatur oder schweißtreibenden Wegstücken nicht zu warm wird.

☺ Eine leichte Daunenweste hat den Vorteil, dass der Körperkern effektiv warm gehalten wird, man weniger schnell überhitzt als in einer Daunenjacke und die Arme ihre volle Bewegungsfreiheit behalten.

Jacke/Hardshell

Natürlich gibt es auch alle möglichen Spezial-Outdoor-Winterjacken, dicke Daunenjacken und gefütterte Polarmodelle mit Pelzkragen. Die brauchen Sie für Schneeschuhwanderungen aber nur, wenn diese in Polarregionen unter Extrembedingungen stattfinden. Bis dahin reichen sogenannte Funktionsjacken, die sich für Wanderer und Radfahrer, aber auch schon in der heimischen Fußgängerzone durchgesetzt haben.

Entscheidend ist ein guter Abschluss der Jacke an allen Enden wie Hals, Handgelenken und Unterkörper sowie Wind- und Wasserdichtigkeit. Eine gute Klimamembran wie GoreTex oder ähnliche Systeme sorgen dafür, dass sich bei trockenem Wetter die Körperfeuchtigkeit nicht zu sehr unter der Jacke staut. Kommen Sie schnell ins Schwitzen oder haben Sie sportliche Ambitionen, dann sollten Sie auf eine möglichst gute Belüftung über Unterarmreißverschlüsse achten.

Im Winter werden Sie die Funktionsjacke weniger als Regenschutz, sondern mehr als Windschutz brauchen. Sie verhindert eine mögliche Unterkühlung, auch wenn Sie sich durch einen unerwarteten Zwischenfall – z. B. einen umgeknickten Fuß – nicht mehr durch Bewegung warm halten können.

Bei Wind und Wetter zahlt sich eine gute Funktionsjacke aus.

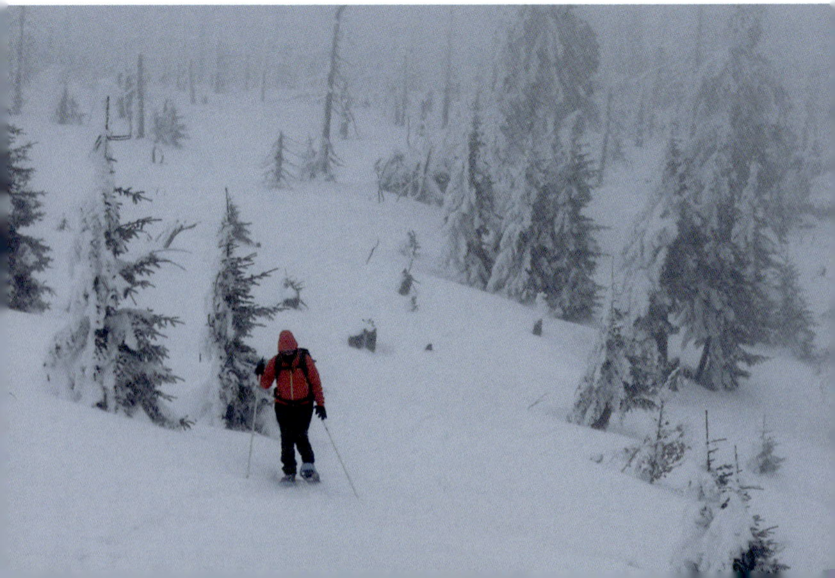

Eine Fütterung ist im Sinne des Zwiebelprinzips eher nachteilig. Je leichter die Jacke – bei ausreichender Stabilität und Funktion –, desto besser. Dann macht es auch nichts, wenn Sie das Modell den ganzen Tag im Rucksack tragen. Denn die beste Jacke ist nutzlos, wenn sie zu Hause bleibt. Betrachten Sie eine gute Jacke wie den Sicherheitsgurt Ihres Autos: Auch wenn Sie ihn noch nie gebraucht haben, sollten Sie ihn immer benutzen!

☺ Sehr praktisch sind die ultraleichten Windjacken aus dem Radsport. Sie passen in die Hosentasche und sind so schnell zur Hand, wenn plötzlich kühler Wind aufkommt oder eine Wolke die Sonne verdunkelt. Gleichzeitig sind sie luftiger als eine Funktionsjacke und während des Wanderns angenehm zu tragen. Sie ersetzen auf der Tour ein ebenfalls sehr praktisches Hemd, jedoch keine ordentliche Wetterschutzjacke.

Kopfbedeckung

Die Kopfbedeckung soll mehrere Funktionen erfüllen. Sie soll den Kopf, über den der Mensch einen überproportional großen Teil seiner Körperwärme verliert, vor eben diesem Verlust schützen. Aber auch Sonneneinstrahlung und Schnee sollen ferngehalten werden. Für erstere Aufgabe eignet sich die klassische Mütze (ohne Bommel, der unter der Kapuze stört), für die letzteren beiden Kappe oder Hut. Es gibt aber auch andere Lösungen:

▷ **Sturmhaube**: Sie bedeckt den gesamten Kopf samt Hals und lässt nur das Gesicht frei. Sie ist klein und leicht und kann auch als klassische Mütze getragen werden. Die Sturmhaube passt bei Schneefall gut unter die Kapuze. Erhältlich sind verschiedene Modelle auch im Motorradfachhandel.

▷ **Balaclava**: Ähnlich konstruiert, aber meist dicker und meiner Meinung nach für die meisten Schneeschuhtouren viel zu warm. Einsatzbereiche sind eher polare oder hochalpine Touren. Man bekommt sie beim Outdoorausrüster.

▷ **Buff**: Die beliebten Schlauchschals sind flexibel einsetzbar. Sie ersetzen eine Mütze und können als Sturmhaube, Stirnband, Pulswärmer, Halstuch, Nothandschuh u.v.m. dienen. Auch unter Kapuze, Hut oder Kappe können sie bequem getragen werden. Mein Favorit!

▷ **Stirnband**: Hält die Ohren warm, ohne bei sportlicher Bewegung zu viel Wärme zu stauen.

Ein „Buff" schützt auch die Atemwege vor kalter, trockener Luft.

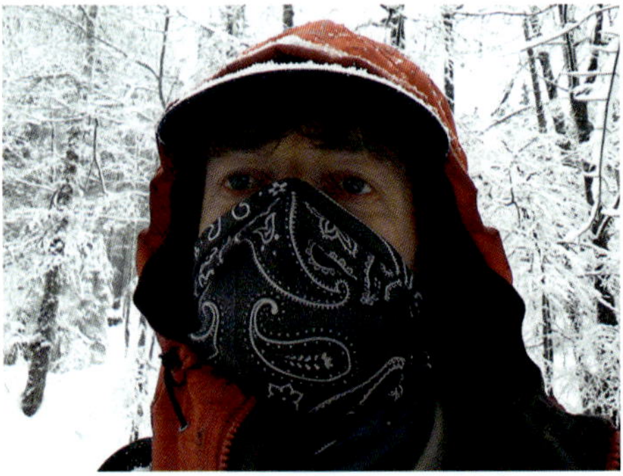

Die Nachteile von Baumwolle als Material sind an anderer Stelle (☞ Unterwäsche) bereits erwähnt worden. Wolle oder Kunstfaser sind deutlich besser.

☺ Neben Kopf und Leistenbereich ist der Hals der Körperteil, über den die meiste Wärme verloren geht. Obwohl man am Hals – wie auch am Kopf – kaum friert, wirkt sich ein guter Schutz von beiden warm haltend auf den gesamten Körper aus.

Handschuhe

Warm, wasser- und winddicht, so sollten die Handschuhe beschaffen sein. Ansonsten kommt es natürlich auf die geplante Tour und die Wetterverhältnisse an. Bei Windstille und Temperaturen knapp unter Null reichen vielleicht noch Fleece-Fingerhandschuhe, wird es wesentlich kälter, sollten Sie auf Fäustlinge zurückgreifen. In Letzteren wärmen sich die Finger gegenseitig und werden nicht so schnell kalt. Leider sind damit die Schnallen der Schneeschuhe oder des Rucksacks nicht mehr so leicht zu bedienen.

☺ Es gibt auch Klappfäustlinge, bei denen Sie den Fingerteil nach hinten umschlagen können, um Reißverschlüsse, Riemen oder Kocher zu bedienen. Für extreme Kälte sind diese aber nicht dicht genug.

Nicht zu unterschätzen ist auch an den Händen die Auskühlung durch den Wind. Schön sind da wasserdichte Handschuhe mit GoreTex- oder ähnlicher Membran. Diese schützt dann auch bei Schneeschmelze auf dem Handschuh vor

Durchnässen. (Schneeschmelze auf dem Handschuh? Wenn Sie schon mal mit Wanderstöcken bei Schneetreiben knapp unter 0° C unterwegs waren, wissen Sie, was ich meine.)

☺ Bei den Handschuhen kann das Zwiebelprinzip ebenfalls praktisch und warm sein, z. B. mit dünnen Fingerhandschuhen und Fäustlingen darüber. Auch wasserdichte Überhandschuhe sind auf dem Markt (im Outdoor- und im Motorradfachhandel).

☺ Nehmen Sie besonders auf alpinen Touren das Handschuhthema ernst! Es wäre schade, wenn Sie wegen Erfrierungen an den Fingern die Tour abbrechen müssten.

Sonnenschutz

Sonnenschutz im Winter? Ja, im Winter erst recht. Im Winter steht die Sonne flach. Der Schnee reflektiert zusätzlich, sodass die Strahlung nicht nur von oben auf die Haut trifft. Sonnenhut oder Kappe allein bieten kaum Schutz. Außerdem sind wir im Winter die Sonne oft nicht gewohnt. Daher ist eine Sonnencreme mit hohem Lichtschutzfaktor wichtig!

Selbst in den Mittelgebirgen können Schneeschuhtouren auf über 1.000 m hinaufführen. Die dünnere Atmosphäre macht sich hier durch eine höhere Strahlung bemerkbar. Im Hochgebirge verstärkt sich dieser Effekt natürlich noch.

☺ Vergessen Sie beim Eincremen die Lippen nicht! Damit kompensieren Sie auch die im Winter oft sehr trockene Luft, die schnell zu rissigen Lippen führen kann.

Aus den oben genannten Gründen empfiehlt sich im Winter auch eine besonders gute Sonnenbrille. Die Reflexionen der Sonnenstrahlen auf dem Schnee können Ihnen sonst nicht nur den Spaß an der Tour verderben, sondern auch die Augen schädigen.

☺ Optimal sind die sogenannten Gletscherbrillen. Sie verfügen über große Brillengläser mit hohem Strahlungsschutz und sind an den Seiten geschlossen.

Auch falls Sie einmal in windiges oder stürmisches Schneetreiben geraten, werden Sie dankbar für einen Rundumschutz sein. Das Auftreffen der Schneekristalle auf die Augen kann sehr unangenehm sein, sich im Extremfall wie Nadelstiche anfühlen.

Auch im Winter behält die Sonne ihre Strahlkraft, besonders in größeren Höhen.

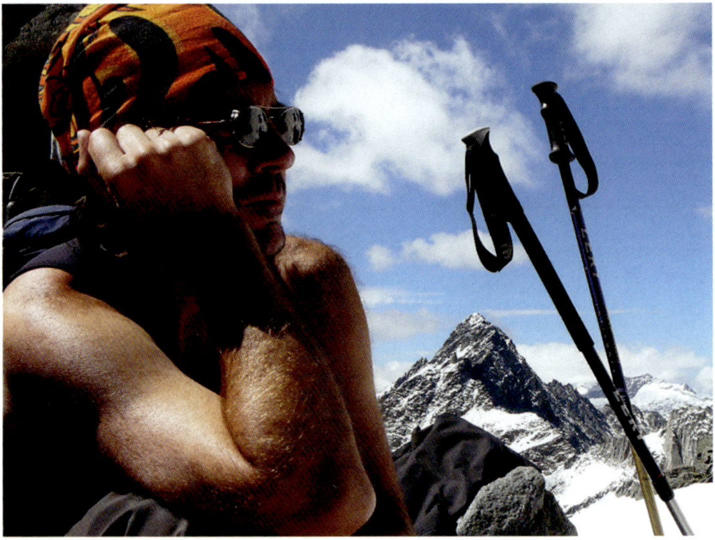

Bei Sonnenhut oder Kappe greifen Sie einfach auf das Modell zurück, das Sie auch im Sommer beim Wandern benutzen. Je größer die Krempe bzw. der Schirm, desto besser der Schutz. Allerdings sollte der Hut auch bei windigen Verhältnissen fest auf Ihrem Kopf sitzen!

Rucksack

Warum findet sich in einem Buch über Schneeschuhwandern ein eigenes Kapitel über Rucksäcke? Meine Erfahrung beim Führen von Schneeschuhwandergruppen zeigt, dass es sich lohnt, etwas genauer über dieses Thema nachzudenken. Viele

Wanderer bringen den Rucksack von den Sommertouren auch im Winter mit. Im Vergleich zur normalen Wanderung spielen aber zwei weitere Faktoren beim Schneeschuhgehen eine Rolle: Wie verstaue ich die zusätzliche Kleidung und wie transportiere ich die Schneeschuhe auf Passagen, die ich ohne ihre Hilfe überwinden muss?

Um es gleich vorweg zu sagen: Die populären City-Rucksäcke von coolen Marken mit umlaufendem Reißverschluss, ohne Befestigungsriemen und ohne Hüftgurt sind ungeeignet. Empfehlen würde ich ein Packvolumen von mindestens etwa 30 Litern. Es kommt darauf an, wie voluminös Ihre Kleidung ist. Oft tragen sich etwas größere Rucksäcke deutlich besser, da ein längeres Rückenteil die effektive Nutzung des Hüftgurtes und das Justieren des Rucksacks im Nackenbereich (☞ Rucksack einstellen) überhaupt erst zulässt. Bei Mehrtagestouren, z. B. von Hütte zu Hütte, sollte der Rucksack im Winter mindestens 40 Liter fassen.

☺ Probieren Sie vor einer Schneeschuhtour aus, ob all Ihre Kleidung, die Sie im wärmsten Falle ausziehen, in den Rucksack passt – zusätzlich zu allem anderen Gepäck, das Sie brauchen.

Besonders wenn es warm wird, ist der Wanderer froh, wenn der Rucksack noch etwas Stauraum bietet.

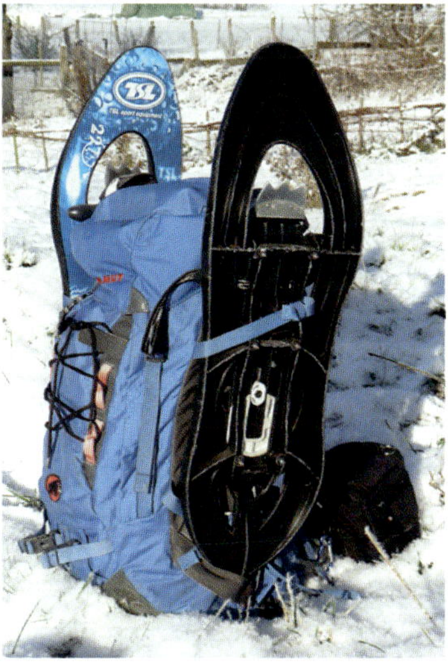

Weiterhin sollte Ihr Rucksack mit genügend Riemen und Spannmöglichkeiten versehen sein, damit Sie die Schneeschuhe schnell und bequem an oder auf diesem montieren können (☞ Tragen der Schneeschuhe). Denken Sie daran, dass bei alpinen Touren auch noch Schneeschaufel und Sonde untergebracht werden müssen.

Auch wenn ich ein großer Freund von leichtem Gepäck bin: Ein vernünftiges Rucksacktragesystem ist gut investiertes Gewicht. Das Ziel sollte sein, 90 % des Rucksackgewichtes auf der Hüfte zu tragen und nur 10 % auf den Schultern. Dazu brauchen Sie einen guten Hüftgurt, eine Versteifung im Rückenteil (um das Gewicht auf den Hüftgurt zu verlagern) und die richtige Einstellung (... des Tragesystems).

Rucksack einstellen

Um den Rucksack einzustellen, lösen Sie den Hüftgurt, die Schultergurte sowie – falls vorhanden – die Spanngurte oben an den Schultergurten, sodass sie beim Aufsetzen des Rucksacks allesamt sehr locker sitzen.

Dann beginnen Sie von unten nach oben (☞ Foto). Zuerst ziehen Sie den Hüftgurt an, sodass er möglichst fest am oberen Ende Ihrer Hüftknochen aufliegt (1). Er soll das Gewicht des Rucksacks tragen.

Anschließend ziehen Sie die Schultergurte (2) locker an, aber nur so weit, dass der Rucksack nicht nach hinten abkippen kann. Sie sollten anschließend keinen großen Druck auf den Schultern verspüren.

Die Rucksackeinstellung erfolgt von unten nach oben.
Die Last liegt auf der Hüfte, nicht auf der Schulter.

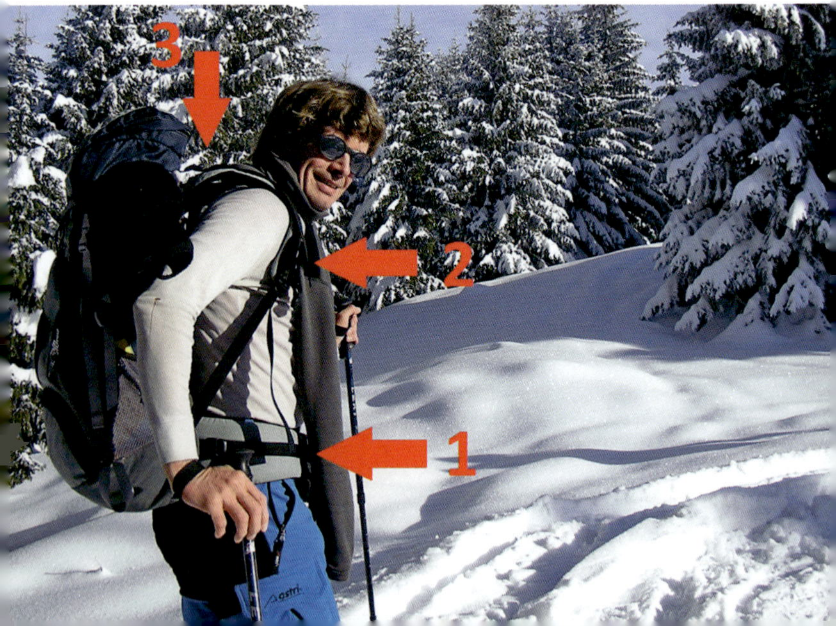

Zuletzt ziehen Sie mit den Spannriemen (3) den oberen Teil des Rucksacks noch näher an Ihren Nacken heran. Das funktioniert aber nur, wenn der Rucksack eine gewisse Höhe hat. Im Idealfall werden so Ihre Schultern so weit entlastet, dass Sie problemlos einen Finger zwischen Schulter und Schultergurt hindurchstecken können.

Spezialrucksäcke

Mittlerweile gibt es spezielle Schneeschuhrucksäcke. Der Kauf lohnt sich aber nur, wenn Sie sowieso einen neuen Rucksack brauchen (und den Schneeschuhrucksack auch auf Sommerwanderungen verwenden) und/oder in Zukunft viele Schneeschuhtouren planen. Für kombinierte Schneeschuh-Snowboard-Touren macht die Anschaffung eines Snowboardrucksacks schon mehr Sinn, da die Snowboards schwerer an einem normalen Rucksack zu befestigen sind als die kleineren und leichteren Schneeschuhe.

Befestigung der Schneeschuhe am Snowboardrucksack

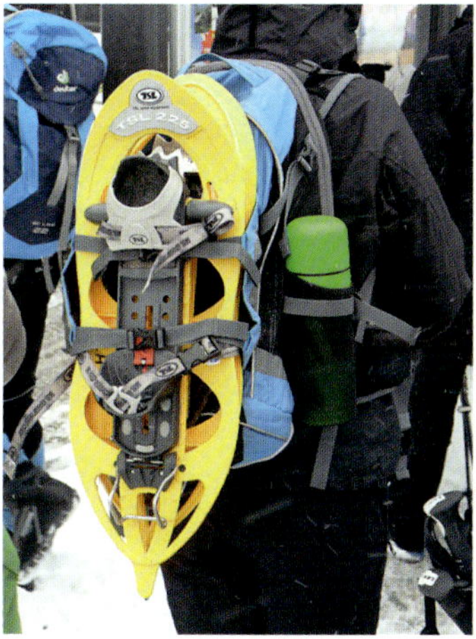

Sicherheit

Erste-Hilfe-Ausrüstung

Auf längeren Touren gehören ein Handy für Notrufe und ein Minimum an Verbandsmaterial in den Rucksack. Noch wichtiger als im Sommer ist auf Wintertouren eine Rettungsdecke oder ein Biwaksack. Schon eine leichte Verletzung kann Sie am Weitergehen hindern. Bei Erste-Hilfe-Übungen war ich selbst überrascht, wie schnell man auskühlt, wenn man sich nicht aktiv bewegen kann. Und das Warten auf Hilfe kann besonders im Winter lange dauern ...

☺ Halten Sie auf der Tour Ihre Finger warm! Das beste Verbandsmaterial nützt nichts, wenn Sie wegen klammer Finger keine Hilfe leisten können – oder noch nicht einmal die Erste-Hilfe-Packung aufbekommen. Auch das Handy bedient sich leichter mit beweglichen Fingern.

☺ Falls Ihre Finger eingefroren sind, können Sie diese mit einem Taschenwärmer wieder beweglich bekommen. Ein kleines Plastikkissen wird geknickt, und durch eine chemische Reaktion erwärmt sich das Gel im Kissen. Die Kissen werden erstaunlich warm und können zu Hause oder in der Hütte durch heißes Wasser wieder „aufgeladen" werden.

Der klassische Taschenwärmer mit Kohlestäbchen ist eher für längerfristige Einsätze gedacht, aber oft etwas sperrig in der Anwendung.

Stirnlampe

Besonders auf Wintertouren kann es schnell passieren, dass Sie bei ungeplanten Verzögerungen auf der Tour in die Dunkelheit geraten. Daher sollten Sie immer eine Taschenlampe, am besten eine Stirnlampe, im Rucksack dabeihaben.

Im Notfall (!) hilft auch ein Smartphone, für das es spezielle Taschenlampen-Apps gibt. Die leeren den Akku aber sehr schnell!

Orientierungsmittel

Im Notfall sollten Sie wissen, wo Sie sich befinden. Nur so können Sie effektiv Hilfe rufen. Karte, Kompass, gegebenenfalls Höhenmesser und/oder GPS-Gerät sollten nicht nur dabei sein, sondern auch bedient werden können.

Lawinenausrüstung

Zur Lawinenausrüstung gehören das LVS-Gerät (Lawinen-Verschütteten-Suchgerät = Lawinenpieper), eine leichte Schaufel und eine zusammensteckbare Sonde. In lawinengefährdeten Gebieten wie den Alpen gehören diese zur Standardausrüstung, der Umgang damit muss aber auch geübt werden. Dazu bieten die Alpenvereine und viele Ferienorte in den Alpen Kurse an (☞ Lawinen).

Ausrüstungs-Checkliste

- ☐ Schneeschuhe, Trekkingstöcke
- ☐ Wanderschuhe
- ☐ Socken, Strümpfe, Gamaschen

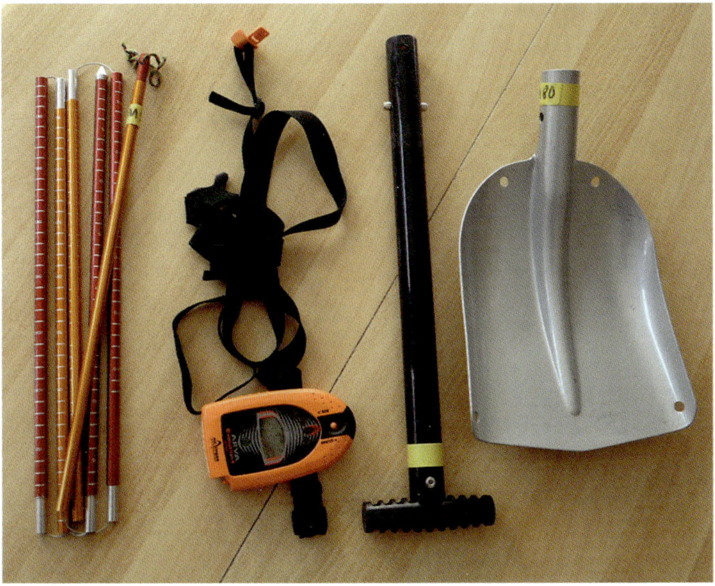

Lawinen-Ausrüstung: Sonde, LVS und Schaufel

- ☐ Unterwäsche, Wechselshirt
- ☐ Hose, Leggings
- ☐ Pullover, Fleecejacke, Daunenweste
- ☐ Funktionsjacke
- ☐ Mütze, Buff
- ☐ Handschuhe
- ☐ Sonnenbrille, Sonnencreme, Sonnenhut oder -kappe
- ☐ Rucksack
- ☐ Erste-Hilfe-Material
- ☐ Proviant, Wasserflasche oder Thermoskanne
- ☐ Handy, Stirnlampe
- ☐ Karte, Kompass, GPS, Höhenmesser
- ☐ Lawinensuchgerät, Schaufel, Sonde (für alpine Touren)

Gehtechnik: Sicher und schonend steigen

Das Schöne ist: Man läuft einfach los! Schneeschuhgehen ist nicht schwer und man muss für die ersten Wanderungen – sofern man sich vom Lawinengelände fernhält – keine Kurse besuchen. Trotzdem ist es hilfreich, ein paar Dinge zu beachten.

Die Optimierung der Bewegungsabläufe hilft Ihnen, Energie zu sparen und Ihre körperlichen Fähigkeiten ökonomisch einzusetzen. So ersparen Sie sich viel Schweiß und Mühe, vermeiden Verletzungen, erweitern Ihren Radius und kommen erholter am Ziel an. Davon profitiert auch Ihre Sicherheit.

Sparen Sie Ihre Kraft, die nächste Steigung kommt bestimmt.

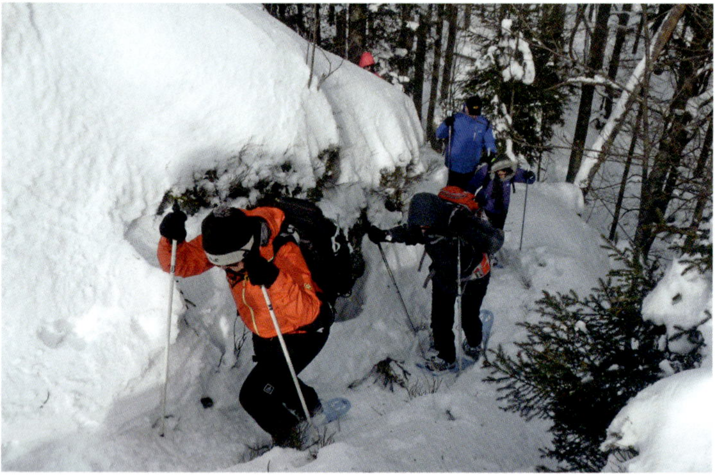

Vor dem Start: Einstellung und Bedienung der Stöcke

Bevor Sie starten, sollten Sie die Wanderstöcke auf die richtige Länge einstellen und in ihrer Bedienung sicher sein. (Hier folgt die Beschreibung für das klassische Wanderstockmodell mit Innenklemmen. Für Faltstöcke oder Modelle mit Außenklemmen gehen Sie bei einigen Schritten etwas anders vor.)

- ▷ Lösen Sie die Klemmen und ziehen Sie den Stock auseinander.
- ▷ Fixieren Sie nun das untere Element so, dass es nur noch mit einem kurzen Stück im mittleren Element steckt. Markierungen wie „Stop" oder „Max" sollten nicht mehr zu sehen sein.
- ▷ Ziehen Sie die Klemme des mittleren Elements im oberen leicht an, sodass sich die Elemente noch gegeneinander verschieben lassen.
- ▷ Stellen Sie sich auf einer ebenen Fläche gerade hin und stellen Sie den Stock direkt neben Ihr Bein.
- ▷ Schlagen Sie nun von oben auf den Griff, sodass sich der Stock zusammen schiebt.
- ▷ Fahren Sie so lange fort, bis das untere Ende der Grifffläche an die Oberkante Ihres Hüftknochens stößt.

☺ Fassen Sie zum Abschluss das untere Element mit der einen und das obere Element mit der anderen Hand und drehen Sie den Stock fest. Mit dieser Methode haben Sie in einer Bewegung beide Klemmen mit gleicher Kraft angezogen.

Die Oberkanten der Stockgriffe sollten etwas über den Hüftknochen liegen.

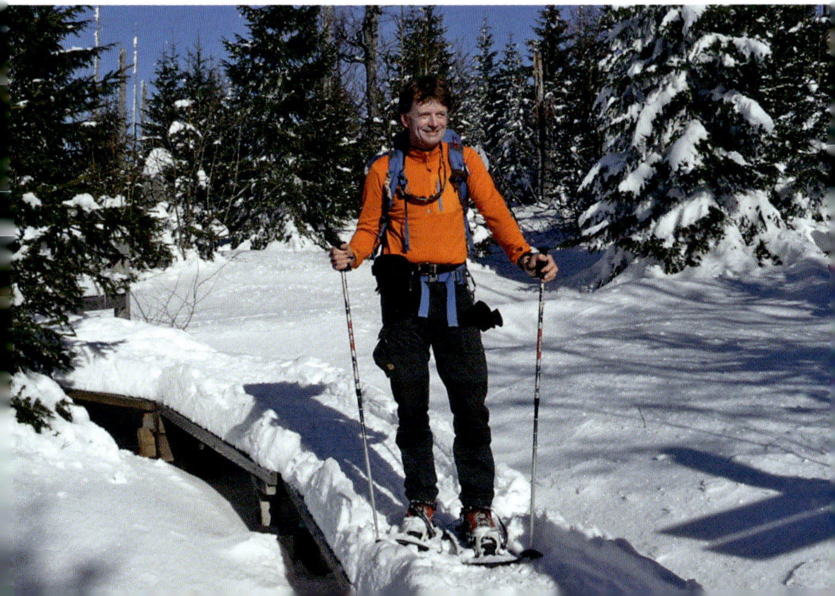

Stellen Sie die Stöcke im Schnee etwas länger ein als im Sommer, da sie im Schnee unter starker Belastung tiefer einsinken können als die Schneeschuhe.

Bedienung der Schlaufen

Ein wesentlicher Bestandteil des Systems Trekkingstock ist die Schlaufe. Ignorieren Sie alle Hinweise von Bergsteigern, die behaupten, man solle die Schlaufe der Stöcke nicht benutzen. Das gilt nur für Geländepassagen, die eine hohe Absturzgefahr bergen.

Das ökonomische Gehen mit Stöcken erfordert eine Bedienung mit möglichst gestreckten Armen. Machen Sie einen Test: Gehen Sie in einen Liegestütz und probieren Sie, wie lange Sie die Position mit gestreckten und wie lange mit angewinkelten Armen halten können.

Die Schlaufe läuft über den Handrücken und Arm und Stock bilden – mehr oder weniger – eine Linie. So bekommen Sie Druck auf die Spitze, ohne zu ermüden.

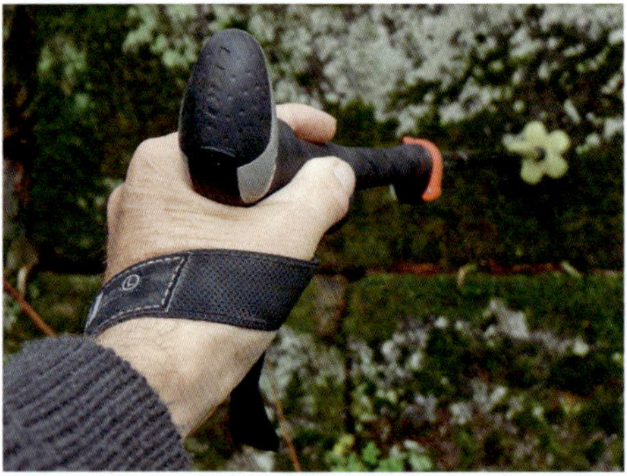

Das Ergebnis ist klar: Mit gestreckten Armen brauchen Sie wesentlich weniger Kraft. Je stärker die Arme angewinkelt werden, desto ungünstiger ist der Winkel und desto kraftraubender ist die Haltung.

Nun kommen die Schlaufen ins Spiel. Wenn Sie den Stockgriff mit der Hand umschließen, können Sie die Kraft des gestreckten Arms nicht senkrecht auf den Stock übertragen. Beim richtigen Gebrauch der Schlaufe geht das jedoch.

- ▷ Greifen Sie von unten durch die Schlaufe und fassen Sie den Griff mitsamt den beiden Schlaufensträngen. Jetzt sollte die Schlaufe über Ihren Handrücken laufen.
- ▷ Stellen Sie die Länge der Schlaufen so ein, dass Sie sich bei Belastung der Schlaufen mit der Hand genau in Griffhöhe befinden.

▷ Um von oben Druck auf den Stock zu bekommen, reicht es nun, sich in die Schlaufe zu stemmen. Arm und Stock bilden eine Linie und die Kraftübertragung funktioniert optimal. So können Sie auch bei längeren Touren die Stöcke belasten, ohne dass Ihre Armkraft schwindet.

Grundform des Schneeschuhgehens

Vergessen Sie nicht, die „Handbremse" (die hintere Fixierung der Bindung) zu lösen, bevor Sie loswandern!

Wird häufig vergessen: das Lösen der „Handbremse".

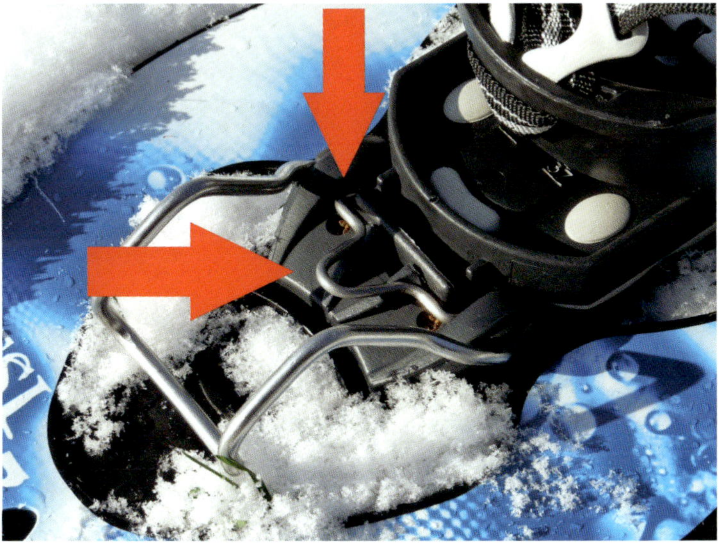

Dann gehen Sie einfach los. Je nach Schneeschuhmodell sollte Ihre Schrittbreite nur wenig weiter sein als beim Gehen ohne Schneeschuhe – gerade so, dass sich die Schneeschuhe nicht verhaken. Bei Classics mit Rahmen ist dabei in der Regel eine breitere Spur nötig als bei taillierten und schlankeren Kunststoffmodellen. Setzen Sie das gesamte Körpergewicht auf den rechten Fuß, während

Sie den linken nachziehen – und umgekehrt. So kommen Sie in einen Pendelgang, in dem Sie sich förmlich erst auf ein Bein stellen, dann auf das andere. So gewinnen Sie Sicherheit.

Die Füße werden – je nach Modell – etwa hüftbreit aufgesetzt.

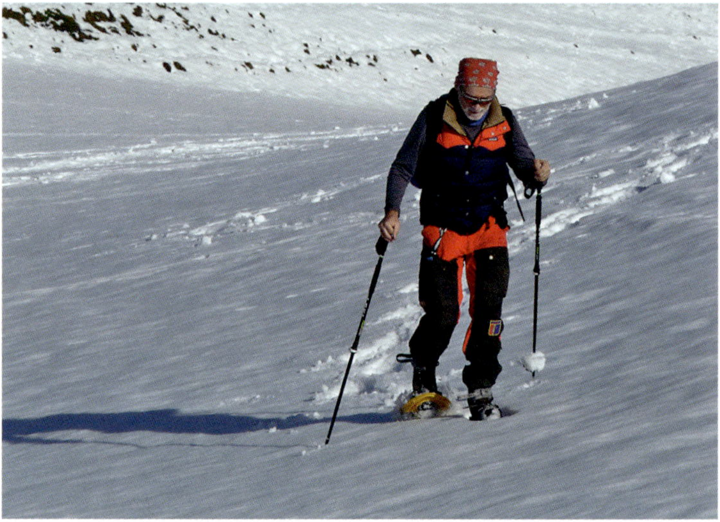

Versuchen Sie, die Beine bei jedem Schritt möglichst wenig anzuwinkeln. Ziehen Sie die Schneeschuhe durch den Schnee, statt sie anzuheben. Das spart Kraft. Durch die flexible Bindung senkt sich das schwerere Heck, der leichtere Bug hebt sich und der Schneeschuh gleitet über die weiße Fläche.

Wählen Sie eine Schrittlänge wie beim Wandern! Größere Schritte erfordern höheren Kraftaufwand. Nur bei Beavertails sind konstruktionsbedingt oft etwas längere Schritte erforderlich.

Versuchen Sie, so schnell wie möglich in einen normalen, gleichmäßigen Schrittrhythmus zu kommen. Abgesehen von der leichten Pendelbewegung sollte sich das so anfühlen wie beim Gehen ohne Schneeschuhe.

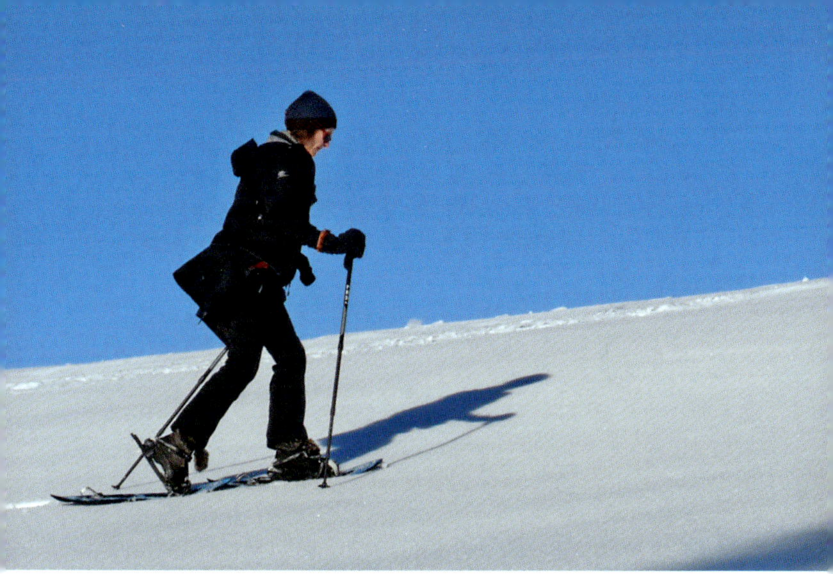

Schlurfen statt steigen: Die Schneeschuhe werden gezogen, kaum gehoben.

Probieren Sie das Gehen erst einmal ohne Stöcke. Setzen Sie jeden Schritt bewusst und beherzigen Sie die oben erwähnten Hinweise nach dem Motto: „Im Gebirge ist jeder Schritt ein Kunstwerk!"

Sollten Sie mal ein paar Schritte rückwärts gehen müssen, nutzen Sie die Bindungssperre oder gehen Sie im Storchengang, um nicht mit dem Heck im Schnee hängen zu bleiben.

Überwinden kleiner Hindernisse

Das Übersteigen eines Baumstamms oder Grabens funktioniert am besten, wenn Sie die Schneeschuhe und auch die Stöcke breit aufsetzen. Gehen Sie in Ruhe vor und übergeben Sie das Körpergewicht langsam von einem auf den anderen Fuß. Versuchen Sie, die Schneeschuhe senkrecht von oben zu belasten, damit sie nicht wegrutschen. Die Stöcke halten dabei das Gleichgewicht – vielleicht können Sie sich stattdessen auch an einem starken Ast festhalten. Die Bindungssperre verhindert ein unkontrolliertes Umklappen der Schneeschuhe.

Typische Fehler

▷ **Anheben der Schneeschuhe**: Der häufigste Anfängerfehler ist der „Storchengang". Statt die Schneeschuhe kraftsparend zu ziehen, werden sie durch Anwinkeln des Beines über den Schnee gehoben, um sie wieder abzusetzen. Diese Technik hat nur beim Überschreiten von Hindernissen ihre Berechtigung und verschwendet sonst nur Kraft.

▷ **Zu enge Fußführung**: Wenn Sie die Füße zu eng aneinander vorbeiführen, können sich die Schneeschuhe berühren und Sie zum Stolpern bringen.

▷ **Zu breite Fußführung**: Aus Angst, die Schneeschuhe könnten sich verhaken, gehen viele Anfänger sehr breitbeinig. Das kostet Kraft.

Stockeinsatz

Erst, wenn Sie sich stabil und sicher auf Schneeschuhen bewegen, nehmen Sie die Stöcke hinzu.

Während sich die richtige Bedienung bei sommerlichen Wanderungen dadurch auszeichnet, dass der Gleichgewichtssinn möglichst wenig über die Stöcke entlastet wird, dienen die Stöcke beim Schneeschuhgehen auch zur laufenden Stabilisierung des Wanderers. Entsprechend breiter werden die Spitzen aufgesetzt. Wenn Sie den rechten Fuß nach vorn schieben, nehmen Sie dabei den linken Stock mit vor und umgekehrt, um möglichst hohe Stabilität zu erreichen.

Mit Schneeschuhen setzt der Wanderer die Stöcke etwas breiter als bei Wanderungen im Sommer.

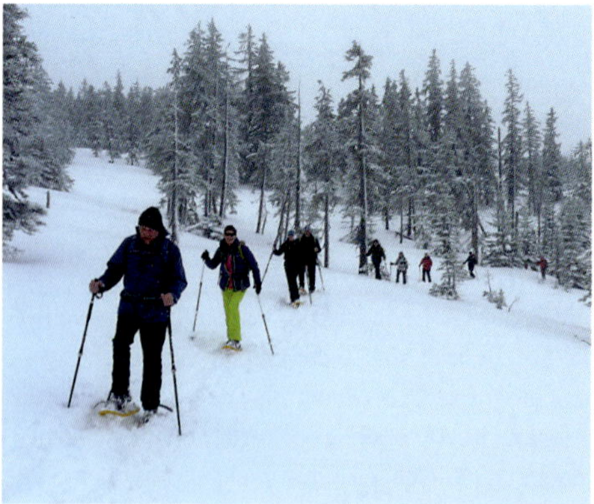

Beim Gehen in der Ebene ist das Ziel, mit den Stöcken das Gleichgewicht zu sichern, besonders, wenn kleine Hindernisse überquert werden müssen. Außerdem können Sie sich bei jedem Schritt wie an einem Geländer etwas nach vorn schieben, um das Gehen zu erleichtern.

Bergauf

Flache und mittelsteile Hänge

Haben Sie die Gehtechnik im flachen Gelände etwas geübt, können Sie sich an die Steigungen wagen. Grundsätzlich ändert sich erst einmal nicht viel. Leichte Steigungen bewältigen Sie geradeaus im gleichen Stil wie im ebenen Gelände. Um Kraft zu sparen, wählen Sie die Schritte etwas kürzer.

Wird der Hang steiler, können Sie in leichte Serpentinen übergehen. Dabei geben Sie etwas mehr Druck auf die bergseitige Kante.

☺ Bei sehr harter Oberfläche oder dünner Schneedecke funktioniert das Belasten der bergseitigen Kante schlecht. Sie werden gezwungen, den Schneeschuh parallel zur Oberfläche aufzusetzen, und dabei Ihr Knöchelgelenk abzuwinkeln – es sei denn, Ihre Schneeschuhbindung kann sich auch um die Längsachse des Schuhs drehen (☞ Bindungen). Unter diesen Bedingungen empfiehlt es sich, wo möglich, senkrecht aufzusteigen. Worauf es beim senkrechten Aufstieg ankommt, erfahren Sie weiter unten.

Beim Schneeschuhgehen ist die Wahl einer senkrechten Aufstiegsspur oft die beste Lösung.

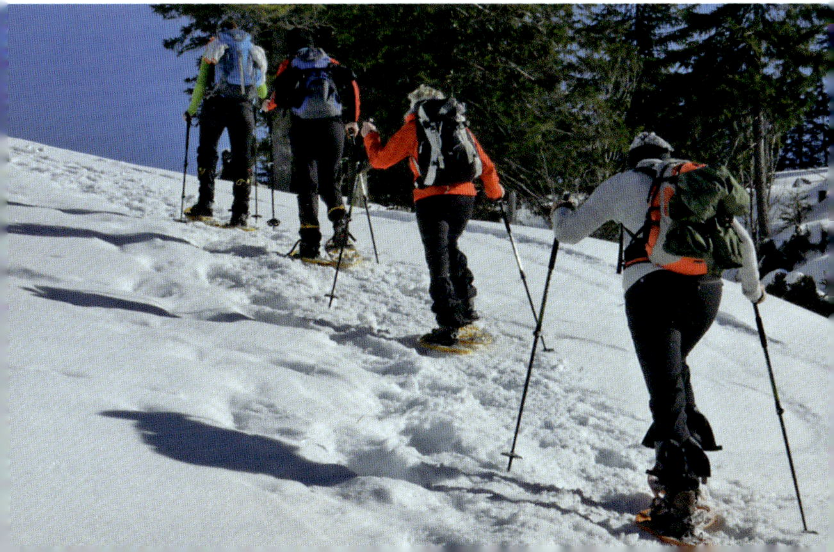

Steile Hänge

In noch steilerem Gelände ab ca. 25° wird das Gehen in Serpentinen mühsam, da das Aufkanten der Schneeschuhe immer schwerer wird. Hier schwenken Sie wieder in die gerade Linie ein und führen Ihre Spur senkrecht bergauf. Setzen Sie die Schneeschuhe druckvoll auf oder schlagen Sie die Spitzen Ihrer Wanderschuhe in einer pendelartigen Bewegung waagerecht in den Schnee, als wollten Sie Tritte in einen Hang schlagen. Die Fußsohle arbeitet dabei in einer horizontalen Position. Diese Technik nennt sich „Frontstep" oder „Treppenschritt". So finden die Harscheisen den besten Halt.

Die erste Wahl für steilere Hänge: der Frontstep

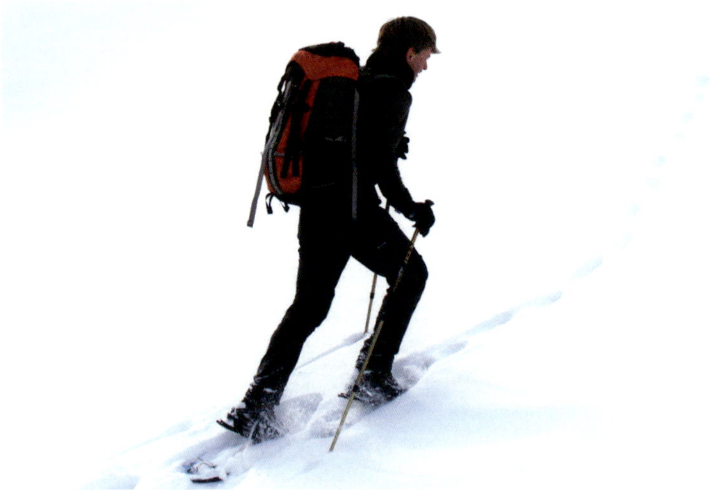

☺ Nutzen Sie die ☞ Steighilfe der Schneeschuhe, das entlastet Ihre Wadenmuskulatur.

Ist der Schnee sehr pulvrig oder weich, empfiehlt sich der „Duckstep" (Ententschritt). Sie setzen dabei die Schneeschuhe V-förmig auf (wie ein Skiläufer, der einen sanften Hang hinaufsteigt). Die Spitzen zeigen nach vorn/außen, die Innenseiten der Schneeschuhe werden belastet. So verhindern Sie ein Zurückrutschen. Je steiler der Hang, desto größer wird der Winkel zwischen den Schneeschuhen.

Eine spezielle Form des Duckstep ist der Zehn-Uhr-Schritt, der auch beim Gehen mit Steigeisen verwendet wird. Dabei zeigt ein Schneeschuh mit der Spitze gerade den Hang hinauf (auf 12 Uhr), während der andere abgewinkelt (Richtung 10 Uhr oder 2 Uhr) geführt wird. Probieren Sie es aus!

☺ Besonders bei längeren Steigungen zahlen sich ein gleichmäßiger Schritt und ein angemessenes Gehtempo aus. Beides entscheidet darüber, wie schnell Sie ermüden (☞ Taktik und Routenwahl).

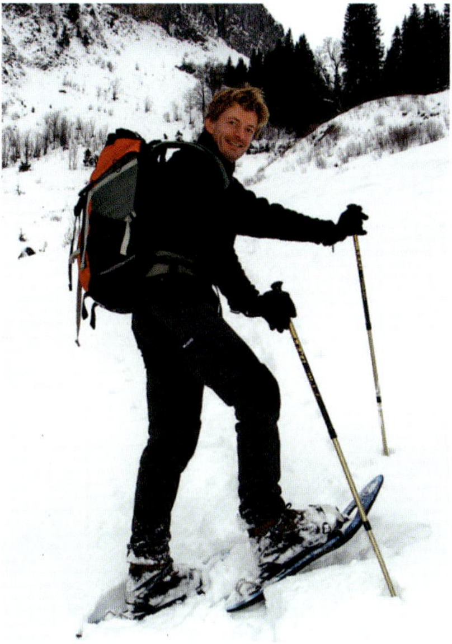

Beim Duckstep werden die Schneeschuhe V-förmig aufgesetzt.

☺ Steigen Sie in aufrechter Körperhaltung auf, mit dem Körperschwerpunkt zentral über den Füßen. Wenn Sie sich zu weit Richtung Hang beugen, fördern Sie ein Zurückrutschen.

Typische Fehler:

▷ **Aufstieg zu schnell:** In der Ruhe liegt die Kraft!

▷ **Verharren im Aufstiegsmodus:** Prüfen Sie laufend, ob Sie noch die optimale Aufstiegsmethode anwenden! Variieren Sie!

Stockeinsatz

Beim Steigen spielt die Nutzung der Stöcke eine besonders wichtige Rolle. Sie können die kraftraubende Beinarbeit unterstützen, indem Sie mit Armen und Stöcken einen Teil der Schubkraft übernehmen. Das funktioniert aber nur, wenn Sie genug Druck auf die Stockspitzen bekommen.

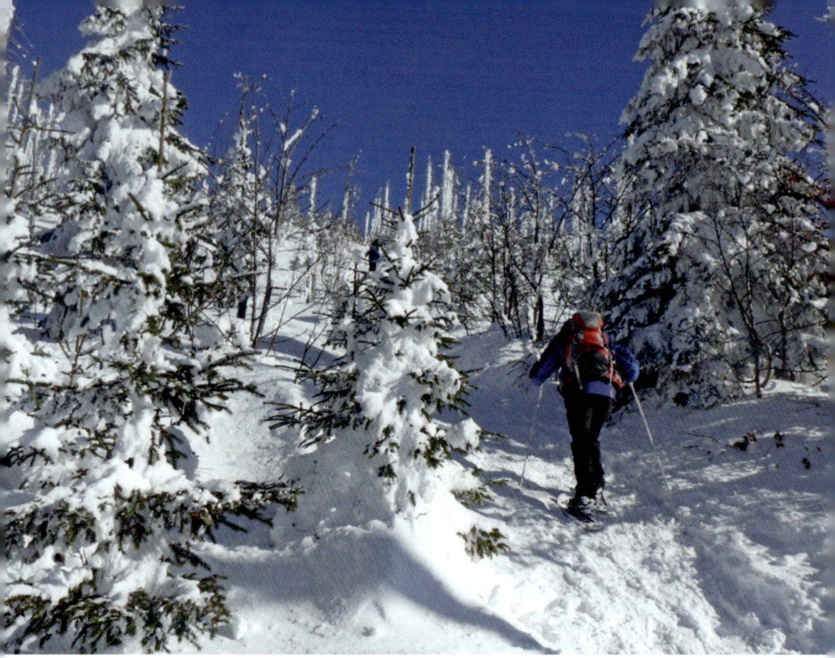

Stöcke helfen beim Aufstieg – wenn sie richtig eingesetzt werden.

Häufiger Fehler: Wie bei Wanderern sieht man auch bei Schneeschuhgehern sehr häufig, dass die Stöcke nur zum Halten des Gleichgewichts genutzt werden. Durch falsche Einstellung und schlechte Bedienung wird der Nutzen der Stöcke für die Ausdauer nicht ausgeschöpft. Die Geräte werden nur locker in den Schnee gesetzt, statt die Beine wirklich zu entlasten. Die Bedienung mit angewinkelten Armen verhindert einen dauerhaften Druckaufbau.

Wenn Sie die Beine **ent**lasten wollen, müssen Sie die Stöcke **be**lasten. Schieben Sie sich wie beim Langlauf oder Nordic Walking mit den Stöcken den Hang hinauf. Aufgrund der ungünstigen Hebelwirkung bekommen Sie am Anfang des Bewegungsablaufs mit angewinkeltem Arm kaum Druck auf den Stock. Je gestreckter der Arm im Verlauf der Bewegung wird, desto mehr Kraft überträgt er auf den Stock. Der stärkste Schub wird erreicht, kurz bevor Sie den Arm ganz durchstrecken.

Daraus folgt, dass Sie sich besonders auf diesen letzten Schub kurz vor der Streckung konzentrieren sollten. Hier können Sie mit wenig Kraftaufwand viel Druck aufbauen. Ein zu langer Stock wäre hier besonders fatal, weil Sie dann mit Ihrem Arm nie die volle Streckung erreichen.

☺ Setzen Sie die Stockspitzen neben dem Körperschwerpunkt auf, nicht davor.

Um den Trekkingstock optimal für die Kraftübertragung zu nutzen, sollten Sie ihn nahe am Körper nach hinten führen. Eine breite Stockhaltung unterstützt das Gleichgewicht, behindert aber den Vorwärtsschub.

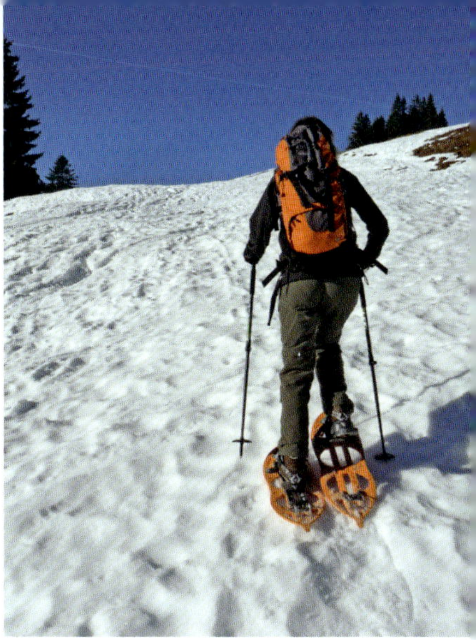

Eine enge Stockhaltung fördert den Schub nach vorn/oben.

Hangquerung

Flache und mittelsteile Hänge

Das Queren von Hängen ist für Schneeschuhwanderer immer ein Kompromiss, den man durch eine intelligente Routenführung zu vermeiden sucht. Solange es ohne große Anstrengung möglich ist, steigen Sie in gerader Linie bergauf. Beim Anlegen von Serpentinen und noch mehr beim Queren wirken die Schneeschuhe weniger komfortabel: Durch die Breite im Vergleich zum schlanken Ski kippt der Schneeschuh meist Richtung Tal ab, sodass das Fußgelenk angewinkelt werden muss. Ein Aufkanten der Schneeschuhe ist durch den langen Hebel schwieriger als beim Ski.

Trotzdem versucht man, die bergseitigen Kanten möglichst stark zu belasten. Das funktioniert am besten im weichen Schnee und bei schmalen Moderns besser als bei den breiteren Classics.

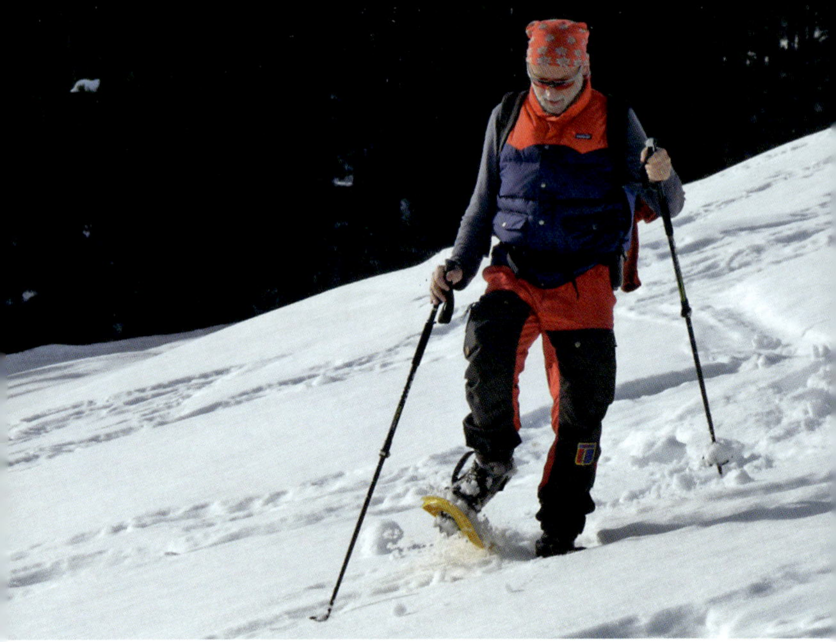

Querungen sind an sanften Hängen kein Problem, wenn Sie die bergseitigen Kanten etwas stärker belasten.

Ist der Schnee hart, müssen Sie den Schneeschuh flach auf die Schneefläche setzen und sich auf die seitlichen Harschkrallen verlassen. Kleine Schritte und festes Aufsetzen fördern den Halt. Mit dem talseitigen Stock können Sie einem Abrutschen entgegenarbeiten.

Steile Hänge

Wird der Hang über etwa 25° steil, gehen Sie bei weichem Schnee in den „Linestep" über. D.h., Sie setzen in einer Linie den einen Schneeschuh vor dem anderen auf.

Diese Technik erfordert aber ein gutes Gleichgewichtsgefühl und kostet aufgrund der notwendigen großen Schritte viel Kraft. Auch die Stolpergefahr durch Verhängen der Schneeschuhe ist nicht zu unterschätzen, weshalb sich diese Methode kaum für längere Strecken eignet. Am besten funktioniert der „Linienschritt" mit den vergleichsweise kurzen Alpinschneeschuhen.

Harten Schnee an sehr steilen Hängen sollten Sie möglichst meiden. Nur wenn Sie sehr trittsicher sind, können Sie diese seitwärts gehend mit dem Gesicht zum Berg sicher überwinden. Dabei setzen Sie einen Schneeschuh zur Seite, drücken oder schlagen ihn horizontal mit dem Harscheisen fest in den Hang und ziehen den anderen nach. Kleine Schritte stabilisieren das Gleichgewicht. Der „Sidestep" kostet Kraft und hohe Konzentration ist erforderlich, um nicht zu stolpern. Diese Methode ist daher nur für Fortgeschrittene und für kürzere Passagen geeignet.

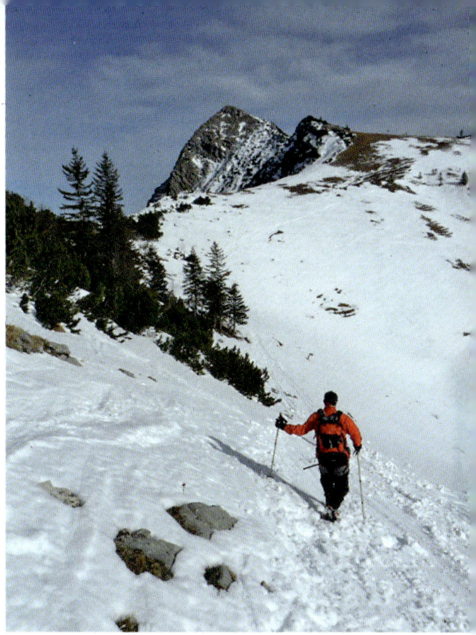

Beim Linestep setzt der Schneeschuhgeher einen Fuß vor den anderen.

☺ Vergessen Sie nicht, dass man die Schneeschuhe auch ausziehen kann. Gefährliche Passagen meistern Sie gegebenenfalls besser auf Wanderschuhen – im Extremfall auf Steigeisen.

Typische Fehler

▷ **Gewichtsverlagerung zum Hang**: Das Aufkanten erfolgt aus dem Knöchelgelenk, der Körperschwerpunkt bleibt über den Schuhen. Wenn Sie sich zu weit zum Hang lehnen, rutschen die Schneeschuhe Richtung Tal.

Stockeinsatz

Ab einer gewissen Steilheit ziehen Sie die Hand aus der Schlaufe und fassen den bergseitigen Trekkingstock unterhalb des Griffes am Schaft an. Einige Stockmodelle verfügen hier über eine praktische Grifffläche. Mehr Stabilität an sehr steilen Hängen erreichen Sie, wenn Sie beide Stöcke horizontal vor sich gebündelt mit beiden Händen am Schaft greifen und die Spitzen in den Hang drücken.

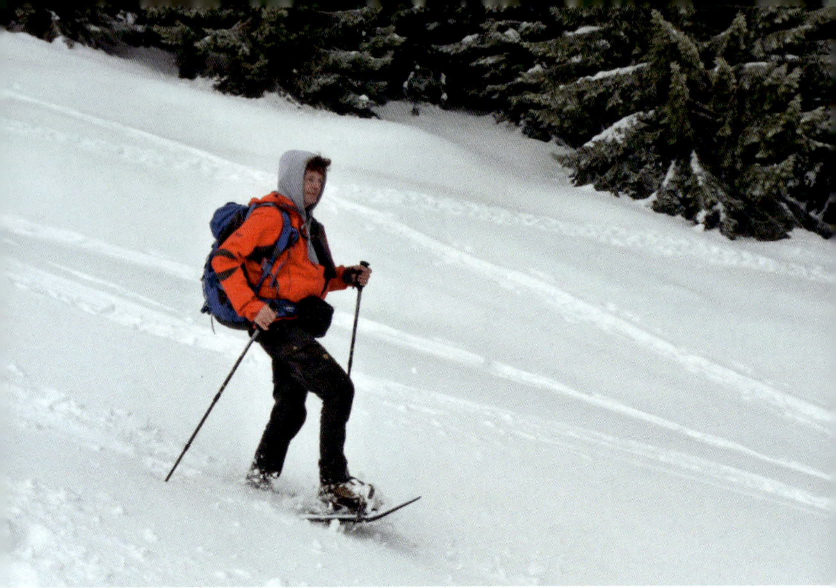

Den Körperschwerpunkt leicht zum Hang gelegt, die Fußspitzen angehoben – dann geht es in großen Schritten talwärts.

Bergab

Zu den schönsten Erlebnissen beim Schneeschuhwandern gehören Abstiege im Pulverschnee. Mit großen Schritten oder sogar Sprüngen auf federndem Untergrund braucht der erfahrene Schneeschuhbergsteiger für den Abstieg nur einen Bruchteil der Aufstiegszeit. Dabei genießt er die weiße Pracht ohne große Anstrengung und – bei sicherer Routenwahl und guten Schneeverhältnissen – auch ohne große Unfallgefahr.

Das Absteigen mit Schneeschuhen verlangt jedoch eine andere Gehtechnik als beim Wandern und Bergsteigen im Sommer. Während man auf festem Grund das Gewicht eher etwas Richtung Tal verschiebt, um den Körperschwerpunkt über dem Vorderfuß zu halten, nimmt man sich mit Schneeschuhen – im wahrsten Sinne des Wortes – etwas zurück. Der Körperschwerpunkt sollte über der Ferse liegen.

Da die fest im Schnee haftenden Schneeschuhe kaum wegrutschen können, besteht Sturzgefahr am ehesten durch ein Stolpern nach vorn. Gerade Anfänger oder tollkühne Draufgänger landen bei steilen Abstiegen öfter mal kopfüber im Schnee, weil sie sich zu weit Richtung Tal lehnen. Mit dem Schwerpunkt etwas weiter hinten hat der Schneeschuhgänger auch bei Unsicherheiten oder leichtem Stolpern etwas Reserve, um sich abzufangen.

Sollten Sie einmal ins Stolpern geraten, versuchen Sie nicht, sich mit gestreckten Armen abzufangen. Wie beim Snowboarden oder Inlineskaten sollten Sie schnell in die Knie gehen, die Ellenbogen an den Bauch ziehen und die Unterarme anwinkeln. Das verhindert eine Verletzung der Handgelenke.

Bei rasantem Abstieg können Stürze vorkommen. In weichem Schnee ist das meist mehr Spaß als Problem, solange der Hang nicht zu steil ist.

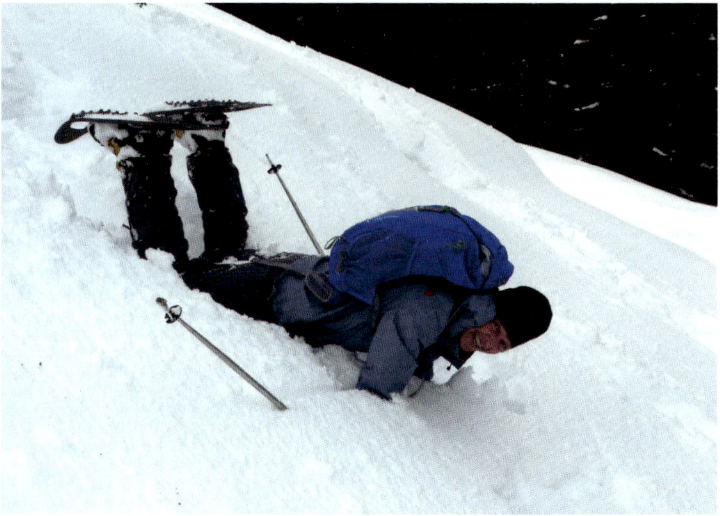

Auch die Beinstellung ist im Schnee anders als beim Absteigen im Sommer. Statt knieschonend die Fußspitze oder die ganze Sohle aufzusetzen, drückt man im Winter den Schneeschuh mit der Ferse voraus in den Schnee. Das Bein ist dabei fast gestreckt. Eine Belastung für die Knie entsteht aus dieser Haltung kaum, da der Schnee wie eine Federung wirkt. Die Füße werden dabei etwas breiter aufgesetzt, um dem Abstieg mehr Stabilität zu geben.

Mit etwas Übung können Sie in großen Schritten zu Tal schreiten. Der Schnee wirkt dann wie eine sanfte Bremse. Während Sie Ihr Gewicht auf den vorderen Schneeschuh verlagern und den hinteren nachziehen, gleitet ersterer noch ein Stück weiter, ähnlich wie beim Gehen mit Langlaufski. In Fachkreisen nennt man diese Technik „Glidestep" (Gleitschritt). Bei guten Schneeverhältnissen sind Sie so wesentlich schneller unterwegs als beim Wandern im Sommer. Für den Abstieg brauchen Sie dann weniger als die halbe Zeit des Aufstiegs.

Beim Glidestep schieben Sie das gestreckte Bein vor und heben die Fußspitze leicht an.

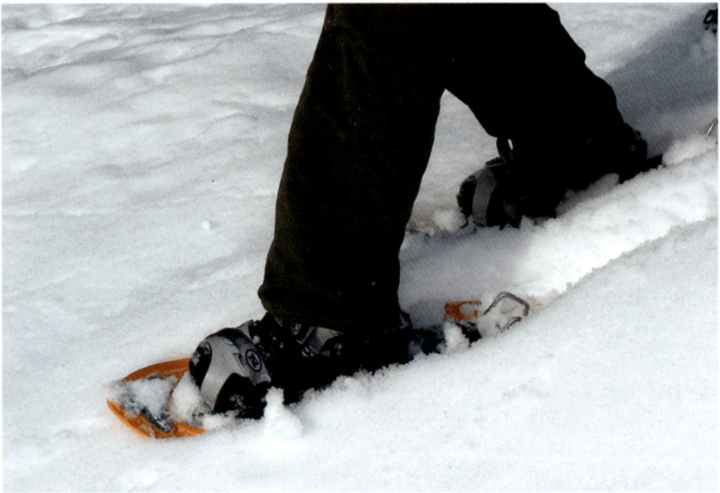

☺ Prüfen Sie auch bei heiklen oder belastenden Abstiegen, ob Sie die Schneeschuhe nicht besser ausziehen sollten! Das klingt banal, wird aber oft vergessen.

✋ Bei Pappschnee sammeln sich unter Umständen Schneeklumpen unter den Schneeschuhen, im Fachjargon „Stollen" genannt (☞ Moderne Schneeschuhe aus Kunststoff). Man geht dann irgendwann wie auf Plateausohlen, was zu Kontrollverlust führt und ein Umknicken begünstigt. Besonders im Abstieg, wenn Sie den Fuß mit vollem Körper- und Rucksackgewicht belasten, kann dies zu Verletzungen führen. Hohe, fest geschnürte Schuhe geben mehr Halt und beugen Bänderrissen vor.

☺ Gerade bei sehr steilen Passagen sollten Sie, falls Ihr Schneeschuhmodell das zulässt, die Bindung hinten blockieren. Das gibt etwas mehr Sicherheit in der Führung des Geräts.

☺ Gamaschen sind besonders beim Abstieg im Tiefschnee hilfreich, weil hier am ehesten Schnee über die Schneeschuhe die Waden hinaufschwappt.

☺ Wie beim Wandern empfiehlt sich auch beim Schneeschuhgehen, vor dem Abstieg die Schuhe fest zu schnüren. So haben Sie mehr Halt. Wenn Sie vorher durch festes Aufschlagen der Hacke den Fuß im Schuh ganz nach hinten bringen und dann den Schuh fester schnüren, rutscht der Fuß nicht nach vorn und die Zehen bleiben vom Anstoßen an die Schuhspitze verschont.

☺ Für besonders steile alpine Abstiege eignen sich Schneeschuhmodelle am besten, die per se ein kurzes Heck haben oder bei denen das Heck verkürzt werden kann. Auch Modelle, bei denen Sie die Ferse nach unten durch den Schneeschuh treten können, sind für steilere Abstiege besonders geeignet.

Typische Fehler

▷ **Gleichgewicht:** Der Körperschwerpunkt liegt beim Abstieg über dem Vorderfuß, das führt zum Sturz nach vorn.

▷ **Mangelnder Fersendruck:** Das Aufsetzen des ganzen Schneeschuhs, ohne das Heck mit der Ferse einzudrücken, führt zu unkontrolliertem Rutschen.

▷ **Lose Handbremse:** Bei großen Schritten mit geöffneter Bindungsverriegelung klappt das Heck des Schneeschuhs unter den Fuß.

▷ **Schrittlänge:** Zu kleine Schritte sind unökonomisch und führen schnell dazu, dass der Körper des Schneeschuhgehers seine eigenen Füße überholt.

Stockeinsatz

Üben Sie den Abstieg erst einmal ohne Stöcke. Erst wenn Sie sich in Ihrer Gehtechnik sicher fühlen, nehmen Sie die Stöcke dazu.

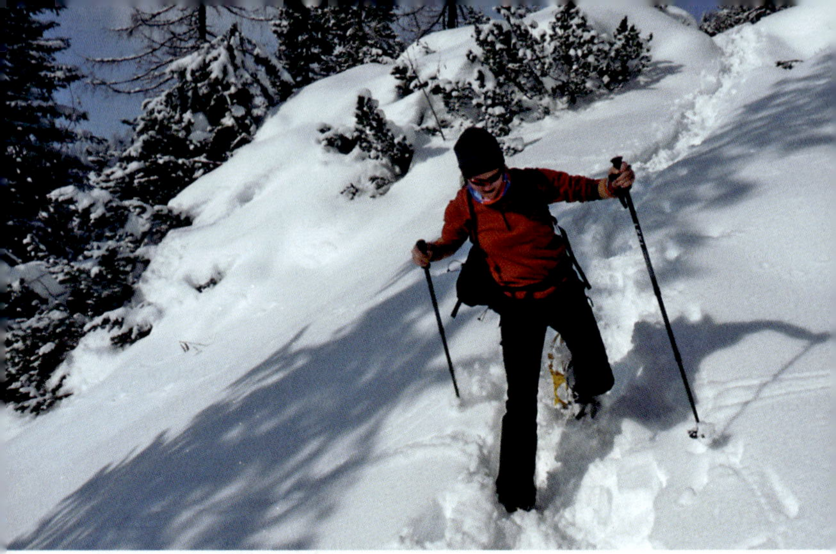

Große Schneeteller und eine breite Stockhaltung helfen dem Schneeschuhwanderer, das Gleichgewicht zu halten.

Beim Abstieg soll der Stockeinsatz ein Stolpern nach vorn und ein Abkippen zur Seite vermeiden. Daher empfiehlt sich ein breites Aufsetzen der Stöcke vor dem Körper, um größtmögliche Stabilität zu erreichen. Da gerade in dieser Situation die Stöcke nicht zu weit im Schnee einsinken sollten, dürfen die Schneeteller nicht zu klein sein (☞ Stöcke).

Je nach Steilheit, Gelände- und Schneebeschaffenheit setzen Sie die Stöcke nebeneinander auf, bevor Sie einen Schritt machen, oder setzen abwechselnd den einen und den anderen Stock vor, wie beim Gehen in der Ebene. Probieren Sie beide Varianten aus! Sie werden merken, dass das gleichzeitige Setzen der Stöcke vor dem Körper eine höhere Stabilität gibt, während das abwechselnde Setzen eine flüssigere Gangart erlaubt. Entsprechend wird erstere Methode vor allem bei steileren Hängen oder unsicherem Untergrund gewählt.

Abstieg auf hartem Untergrund

Eine ganz andere Gehtechnik erfordern festere Untergründe wie sehr harter Schnee, Harsch, Firn oder Eis. Hier geht man ähnlich wie beim Aufstieg. Die Knie sollten leicht angewinkelt werden, um die Härte des Untergrundes abzufedern. Kleine Schritte verringern die Belastung und das Verletzungsrisiko. Für besseren Halt treten Sie die Harscheisen fest in den Schnee. Die Abstiege auf hartem Untergrund belasten die Gelenke noch stärker als Abstiege ohne Schneeschuhe im Sommer, da ein Abrollen bzw. ein federndes Aufsetzen des Vorderfußes kaum möglich ist. Geben Sie möglichst viel Druck auf die Stöcke, um die Knie zu entlasten. (☞ Grundform, Stockeinsatz)

✋ Auf hartem Untergrund ist ein Sturz nach vorn besonders fatal. Der Aufprall ist härter und die Rutschgefahr höher als in weichem Schnee. Steigen Sie vorsichtig ab und achten Sie darauf, mit den Harscheisen nicht unkontrolliert im Schnee hängen zu bleiben!

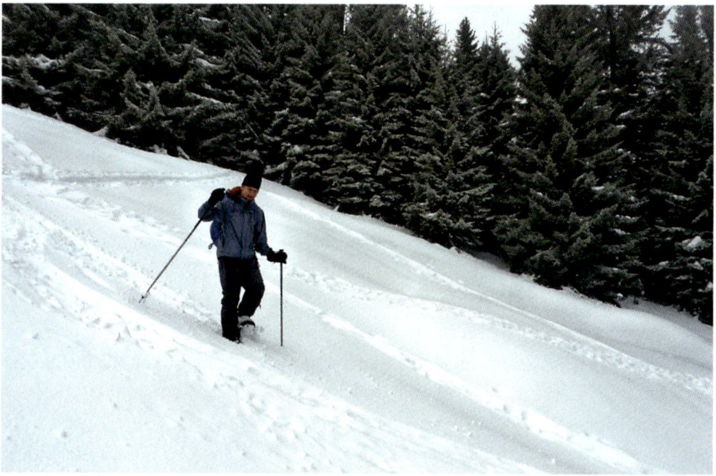

An steileren Hängen müssen Sie nur einen Fuß vor den anderen stellen und Sie rutschen mit jedem Schritt mühelos ein weiteres Stück bergab.

Abgleiten an steilen Hängen

Ist der Hang steil und der Schnee weich genug, können Sie auf Schneeschuhen fast wie auf Ski zu Tal gleiten. Das macht, bei entsprechender Sicherheit auf den Geräten, viel Spaß!

Ein schulterbreit gesetzter leichter Ausfallschritt stabilisiert dabei nach vorn und hinten sowie zu den Seiten. Nehmen Sie den Körperschwerpunkt etwas nach vorn und gleiten Sie in Falllinie ab. Aber rechnen Sie besonders bei dünner Schneedecke damit, dass sich die Harschkrallen im Untergrund verhaken können. Wichtig ist auch ein vorausschauender Blick auf das Gelände. Vor Steilabbrüchen, Gräben oder umgestürzten Bäumen sollten Sie schnell genug bremsen können.

Sprünge

Bei Sprüngen sollten Sie die Bindung hinten blockieren, damit der Schneeschuh beim Landen kontrolliert aufgesetzt werden kann. Die Landung sollte in leichter Rücklage erfolgen, um nicht nach vorn umzuschlagen. Ein leichter Ausfallschritt und nicht zu eng gesetzte Füße geben beim Landen zusätzlich Stabilität.

Bei guten Schneeverhältnissen können trittsichere Schneeschuhgeher in großen Sätzen zu Tal springen.
Eine geschlossene Bindungsverriegelung gibt dabei Sicherheit.

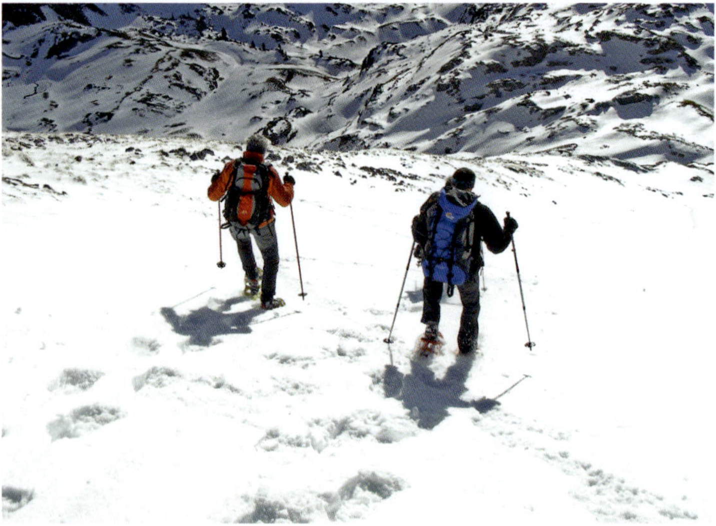

☝ Vorsicht beim sogenannten Wechtensprung: Stellen Sie sicher, dass die Wechte und der Hang darunter stabil genug sind und Sie nicht als Lawine ins Tal rauschen (☞ Begehen von Kämmen und Graten)!

Typische Fehler

- ▷ **Handbremse lose:** Beim Springen mit offener Bindungssperre klappt das Heck unter den Schuh.
- ▷ **Gleichgewicht:** Bei der Landung befindet sich der Körperschwerpunkt zu weit Richtung Tal und verursacht ein Umschlagen nach vorn.

Stockeinsatz

Verstauen Sie ggf. die Stöcke im oder am Rucksack. Nehmen Sie zumindest die Hände aus den Schlaufen, damit Sie sich beim unkontrollierten Aufkommen nicht verletzen. Ausgerenkte Daumengelenke sind keine Seltenheit!

Tragen der Schneeschuhe

Besonders in den Übergangsjahreszeiten, aber auch im Winter kommt der Schneeschuhwanderer immer mal wieder in einen Streckenbereich, in dem es sich ohne Schneeschuhe besser geht. Die leichte Verstaubarkeit der Sportgeräte trägt zur hohen Flexibilität bei, die das Schneeschuhgehen so vielseitig macht.

Wenn Sie die Hände für die Stöcke brauchen, sind die Schneeschuhe am Rucksack am besten aufgehoben.

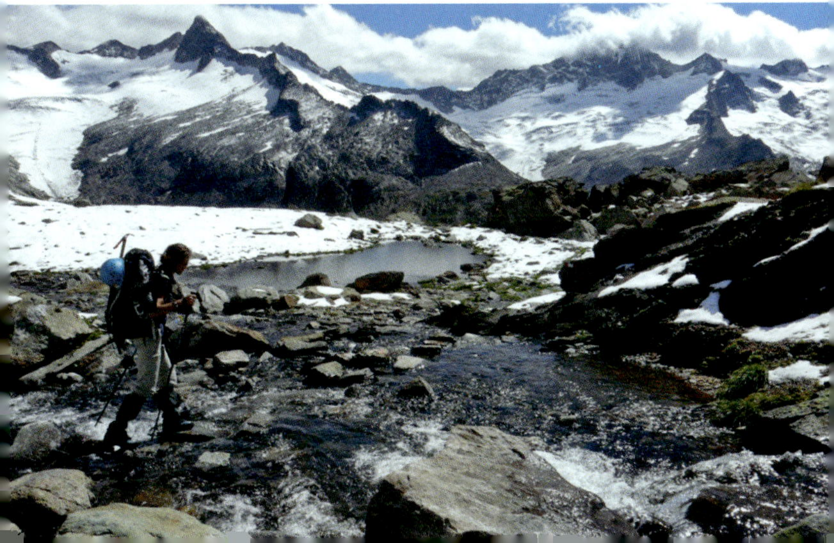

Zum Transportieren der Schneeschuhe am Rucksack haben sich mehrere Methoden bewährt. Das Naheliegendste ist, die Schneeschuhe den am Rucksack angebrachten Gepäckriemen anzuvertrauen. Je nach Rucksack- und Schneeschuhmodell kann das an den Seiten oder auf dem Rücken des Rucksacks erfolgen.

Befestigung der Schneeschuhe am Rucksack

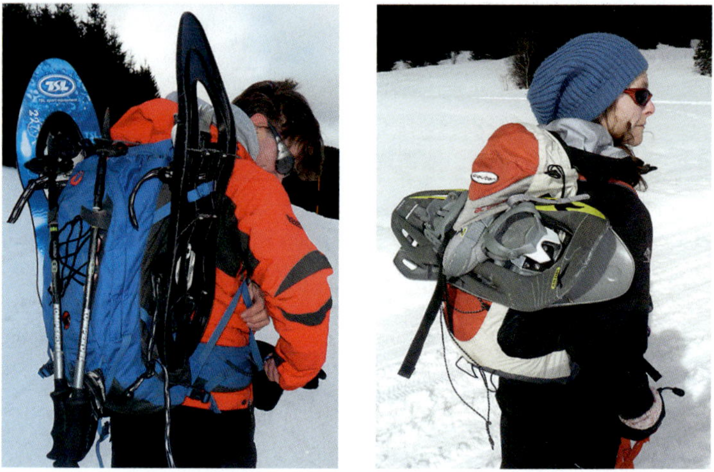

☺ Achten Sie darauf, dass die Schneeschuhe nicht bei jedem Schritt herumschleudern oder so weit herunterhängen, dass Sie Ihnen beim Wandern an die Beine schlagen. Auch etwas Armfreiheit zum Bedienen der Wanderstöcke sollte gewährleistet sein.

✋ Besonders beim Rodeln (☞ Schneeschuhwandern und Rodeln) sollten die Schneeschuhe und auch der Rucksack nicht zu weit herunterhängen, um sich nicht im Rodel zu verhaken oder beim Steuern zu stören.

Eine weitere Methode zum Transport der Schneeschuhe ist besonders gut für kürzere Tragepassagen geeignet, oder für den Fall, dass die Montage am Rucksack aus irgendwelchen Gründen nicht möglich ist. Dazu klicken Sie die

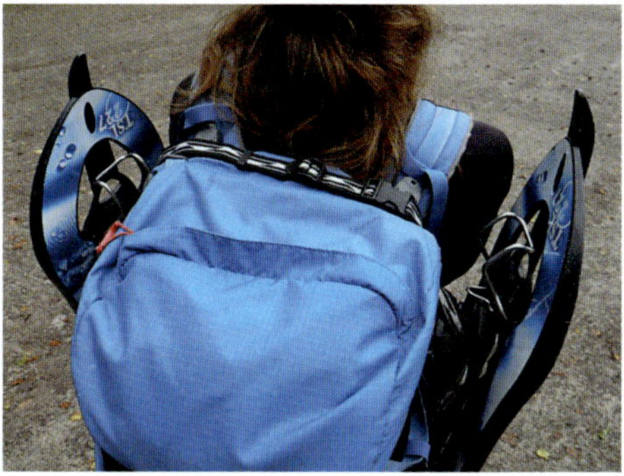

Schnell und bequem: die zusammengeklickten Schneeschuhe über den Rucksack hängen!

Bindungsriemen der beiden Geräte so zusammen, dass Sie sich das Ganze über den oberen Teil der Rucksack-Trageriemen zwischen Nacken und Rucksack-Deckelklappe hängen können. Ein bisschen nachjustieren, dann liegen die Schneeschuhe meist recht bequem hinter den Oberarmen.

Diese Methode funktioniert am besten mit Moderns und mit einem Rucksack, der so hoch ist, dass die Riemen nicht einfach über das Deckelfach nach hinten rutschen können. In dem Fall können Sie die Schneeschuhe über die Schulter hängen, was aber weniger bequem ist.

Das flexibelste Wintersportgerät: Am Rucksack verstaut warten die Schneeschuhe auf ihren Einsatz.

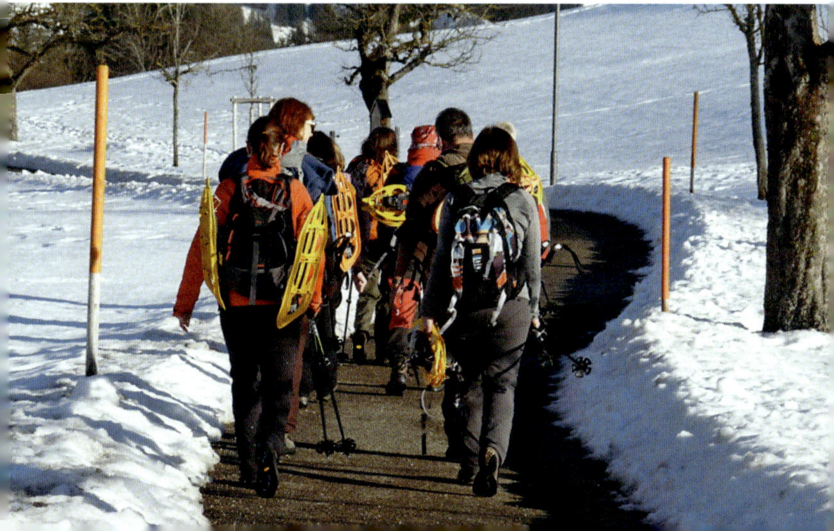

☺ Achten Sie darauf, dass die ☞ Bindung an der Ferse verriegelt ist, damit die Schneeschuhe gerade hängen können.

☺ Falls die Bindung nicht feststellbar ist oder keine geeigneten Riemen besitzt, nehmen Sie einfach einen zusätzlichen Schnellspannriemen in der Hosentasche mit.

Die Tourenplanung

Die Planung der Tour ist beim Schneeschuhwandern wesentlich wichtiger als beim Wandern im Sommer. Die Witterung ist rauer und die Tage sind kurz, sodass man bei Verzögerungen durch Verlaufen oder unrealistische Zeitplanung leicht in die Dunkelheit gerät.

Planung nach Tourenvorschlag

Liegt für das anvisierte Gebiet ein guter Schneeschuhführer vor, können Sie sich hier eine passende Tour aussuchen. Viele entscheidende Daten wie Gehzeit, Höhenmeter, Lawinengefährdung, Landschaftsbild, Anspruch an die Gehtechnik, Anreisebeschreibung, Einkehrmöglichkeiten etc. sind dort erfasst.

Allerdings müssen Sie einige Faktoren für Ihre persönliche Tour interpretieren. Die Gehzeit z. B. unterscheidet sich beim Schneeschuhwandern zwischen mittelsportlichen Anfängern und durchtrainierten Profis enorm. Auch beim eventuell notwendigen Aus- und Anziehen der Schneeschuhe können Sie als Ungeübter viel Zeit verlieren. Entsprechend defensiv sollten Sie mit den Angaben umgehen. Das gilt noch mehr für Tourdaten aus dem Internet, die dort zunehmend zur Verfügung gestellt werden. Wenn in einem Buch alle Angaben vom selben Autor stammen, bekommen Sie bald ein Gefühl dafür, ob Sie selbst schneller oder langsamer unterwegs sind. In den Internetportalen stammen die Gehzeitangaben in der Regel von verschiedenen Autoren und sind daher schwerer einzuschätzen.

Tour selbst planen

Falls Sie Ihre Tour selbst ausarbeiten wollen oder müssen, ist die benötigte Zeit eine der entscheidenden Variablen. Sie können im Winter nicht immer damit rechnen, so schnell voranzukommen wie im Sommer. Der Einfluss der winterlichen Bedingungen führt zu unterschiedlichsten Gehzeiten für dieselbe Strecke. Während Sie im Sommer bei Sonnenschein oder Regen in etwa gleich schnell unterwegs sind, können Schneehöhe und Schneebeschaffenheit die Gehzeiten im Winter enorm verändern. Planen Sie also besonders am Anfang Ihrer Schneeschuhwanderkarriere eher defensiv und denken Sie daran, dass die Tage im Winter kurz sind und es um 16:30 Uhr schon dunkel werden kann. Vor einer längeren Tour könnten Sie auf einer kurzen Runde testen, wie viel Zeit Sie auf Schneeschuhen pro Kilometer brauchen.

Mit mehr Routine und bei guten Schneeverhältnissen sind Sie auf Schneeschuhen nicht viel langsamer unterwegs als im Sommer zu Fuß, also in der Ebene mit etwa 4 km/h. Aufgrund der ungewohnten Bewegungsabläufe setzt beim Schneeschuhwandern die Ermüdung jedoch oft etwas schneller ein. Auch das Spuren kostet Kraft. Dabei können Sie sich aber in der Gruppe abwechseln.

Verschneite Sommerwanderwege werden im Winter zu tollen Schneeschuhrouten.

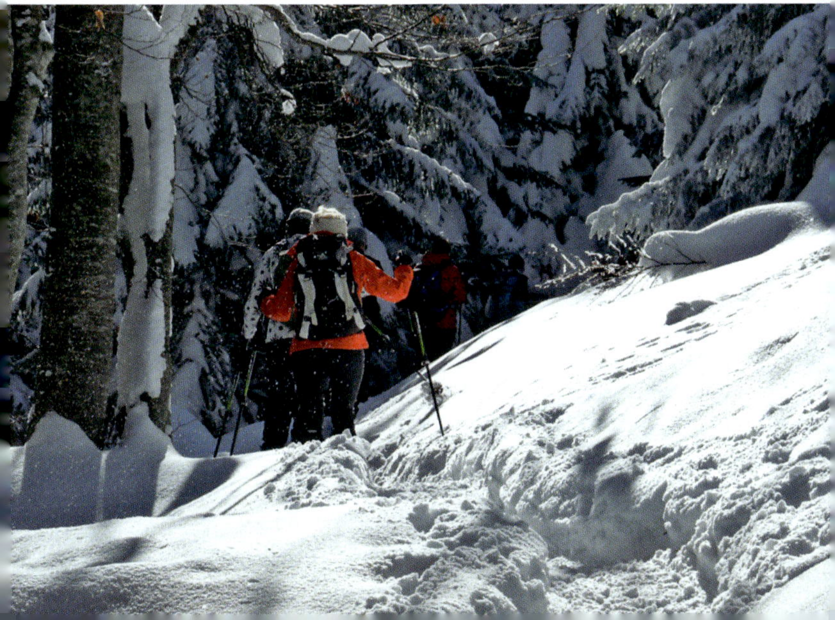

Im Mittelgebirge und im Flachland ist die Routenwahl oft leicht. Offene Flächen wie Wiesen oder Felder können meist querfeldein begangen werden. In dichteren Wäldern ist das nicht immer so einfach. Da halten Sie sich an die sommerlichen Wanderrouten oder verschneite Forstwege. Vermeiden Sie, auf für Wanderer gesperrte Loipen zu geraten und ruhebedürftige Wildtiere zu stören (☞ Nutzungskonflikte und Naturschutz).

Im Hochgebirge entfällt das Querfeldeingehen in den meisten Gebieten, da Felswände, Steilhänge und Abstürze den Weg versperren. Arbeiten Sie sich aus der Wanderkarte eine wenig steile Routenführung heraus. Auch hier können Sie sich an den sommerlichen Wanderrouten und verschneiten Almstraßen orientieren. Letztere wirken im Sommer manchmal etwas langweilig, bieten aber im Winter dem Schneeschuhwanderer eine attraktive, oft einsame Fläche ohne Hindernisse, auf der es sich optimal gehen lässt. Mühsame Hangquerungen können Sie so vermeiden.

☺ Sommerliche Mountainbikerouten – von reinen Downhillstrecken abgesehen – geben im Winter oft tolle Schneeschuhtouren ab.

✋ Grundlage und Voraussetzung jeder Tourenplanung im Hochgebirge ist die Kenntnis und Vermeidung von Lawinengefahr! (☞ Lawinen) Als Anfänger sollten Sie sich im winterlichen Hochgebirge nur mit einem erfahrenen Führer bewegen!

Egal ob Mittelgebirge oder alpines Umfeld, Sie sollten bei der Planung steile Aufstiege von über 25-30° meiden. Mit berggängigen Schneeschuhmodellen sind diese Hänge zwar überwindbar, aber das ist mühsam, kostet Kraft und erfordert eine ausgeprägte Trittsicherheit.

Auch lange Hangquerungen sind mühsam und sollten nach Möglichkeit vermieden werden. Die optimale Route verläuft in weitläufigem, mäßig geneigtem oder hügeligem Gelände und hält sich – wo möglich – auf den Höhenrücken, wo der Schnee festgeblasen ist und die Schneeschuhe gerade aufgesetzt werden können.

☺ Wenn Sie sich mit digitalen Karten und/oder einem GPS-Gerät auskennen, erleichtert das die Tourenplanung ungemein. Sie können sich auf einen Blick ein

Höhenprofil mit Daten wie Entfernung und Höhenmetern anzeigen lassen und das schnell in Gehzeiten umrechnen. Das GPS-Gerät erleichtert besonders im Winter auf weiten weißen Flächen die Orientierung.

Gehzeitenberechnung

Eine gängige Berechnungsmethode geht davon aus, dass die durchschnittliche Schneeschuhwandergruppe in einer Stunde entweder 300 Hm bergauf, 500 Hm bergab oder 4 km in der Ebene zurücklegt.

Man könnte das auch anders formulieren: Für 100 Hm Aufstieg setze ich bei der Tourenplanung 20 Min. an, für 100 m Abstieg 12 Min., für 1 km Strecke 15 Min.

Rechenweg:

▷ Ich rechne nun die Gehzeit für die geplante Strecke (horizontal) und die geplanten Höhenmeter (vertikal) getrennt aus, …
▷ ... halbiere das kleinere Ergebnis (im Hochgebirge meist die Zeit für die horizontale Strecke, im flachen Hügelland meist die Höhenwerte),
▷ ... füge den halben kleineren Wert dem größeren hinzu
▷ ... und bekomme die Gesamtgehzeit.

Was kompliziert erscheint, wird an einem **Beispiel** klarer:
Aus der Karte entnehme ich, dass meine geplante Tour 1.500 Hm Aufstieg, 1.000 Hm Abstieg und 8 km Strecke beinhaltet.

▷ 1.500 Hm Aufstieg = 5 Std. (1.500 Hm / 300 Hm pro Std. = 5 Std.)
▷ 1.000 Hm Abstieg = 2 Std. (1.000 Hm / 500 Hm pro Std.= 2 Std.)
▷ 8 km Entfernung horizontal = 2 Std. (8 km / 4 km pro Std. = 2 Std.)
▷ Höhenwert: 5 Std. + 2 Std. = 7 Std.
▷ Streckenwert: 2 Std. (diesen halbieren, weil es der kleinere Wert ist = 1 Std.)
▷ Zeitaufwand für diese Tour: 7 Std. + 1 Std. = 8 Std.

Aus diesem Beispiel wird schon ersichtlich, dass im Gebirge mit vielen Höhenmetern die Strecke oft kaum eine Rolle spielt.

In relativ ebenem Gelände ist das umgekehrt, hier noch ein Beispiel:
Aus der Karte entnehme ich, dass meine geplante Tour 150 Hm Aufstieg, 500 Hm Abstieg und 12 km Strecke beinhaltet.

- ▷ 300 Hm Aufstieg = 1 Std. (300 Hm / 300 Hm pro Std. = 1 Std.)
- ▷ 500 Hm Abstieg = 1 Std. (500 Hm / 500 Hm pro Std. = 1 Std.)
- ▷ 12 km Entfernung horizontal = 3 Std. (12 km / 4 km pro Std. = 3 Std.)
- ▷ Höhenwert: 1 Std. + 1 Std. = 2 Std. (diesen halbieren, weil es der kleinere Wert ist = 1 Std.)
- ▷ Streckenwert: 3 Std.
- ▷ Gehzeitaufwand für diese Tour: 3 Std. + 1 Std. = 4 Std.

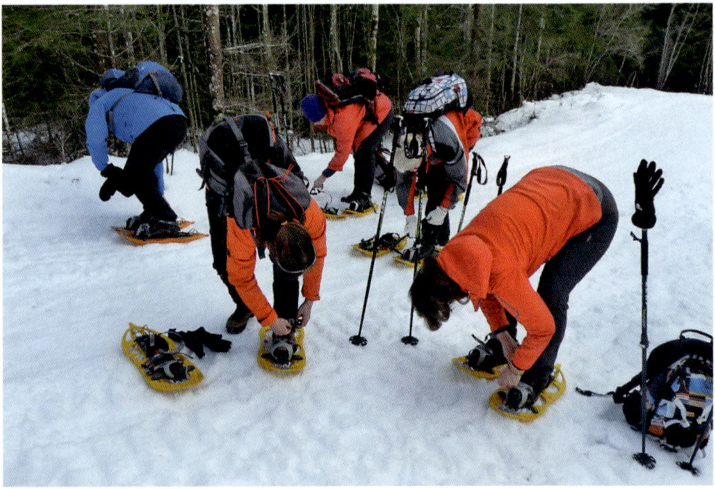

Mehrfaches An- und Ausziehen der Schneeschuhe wird besonders in einer ungeübten Gruppe zum Zeitfaktor.

Diese Ergebnisse sind natürlich nur ungefähre Werte für Gruppen, in denen auch schwächere Teilnehmer dabei sind. Kleinere und/oder fittere Teams schaffen auch 400 Hm bergauf und 600 Hm bergab.

Um zu einer realistischen Planung zu kommen, müssen neben der reinen Gehzeit auch Pausenzeiten kalkuliert werden. So werden aus 5 Std. Gehzeit schnell Touren mit 7 Std. Gesamtdauer.

Neben dem Einkehren in einer Gaststätte sind es vor allem viele sich summierende kurze Pausen und Stopps zwischendurch, die Zeit kosten. Anfänger ziehen öfter mal ein Kleidungsstück an oder aus und brauchen oft sehr lange, bis sie – z. B. bei einem Stück geräumter Strecke – die Schneeschuhe aus- und wieder angezogen haben. Zwischen geplantem Tourende und Einbruch der Dunkelheit sollten Sie eine gewisse Zeitreserve einkalkulieren.

☺ Bereiten Sie einen Ablaufplan mit Zwischenzeiten vor. Dann können Sie zwischendurch kontrollieren, ob Sie noch gut im Plan liegen. Beispiel:

- ▷ 08:30 Aufbruch zu Hause
- ▷ 09:00 Start vom Wanderparkplatz
- ▷ 11:15 Pause an der Schutzhütte
- ▷ 11:30 weiter
- ▷ 13:00 Ankunft Waldgasthaus
- ▷ 14:15 weiter
- ▷ 16:15 Ankunft Wanderparkplatz
- ▷ 16:45 Sonnenuntergang (Zeitreserve 30 Min.)

Sonnige Gipfelerlebnisse sind schön, aber nie garantiert.

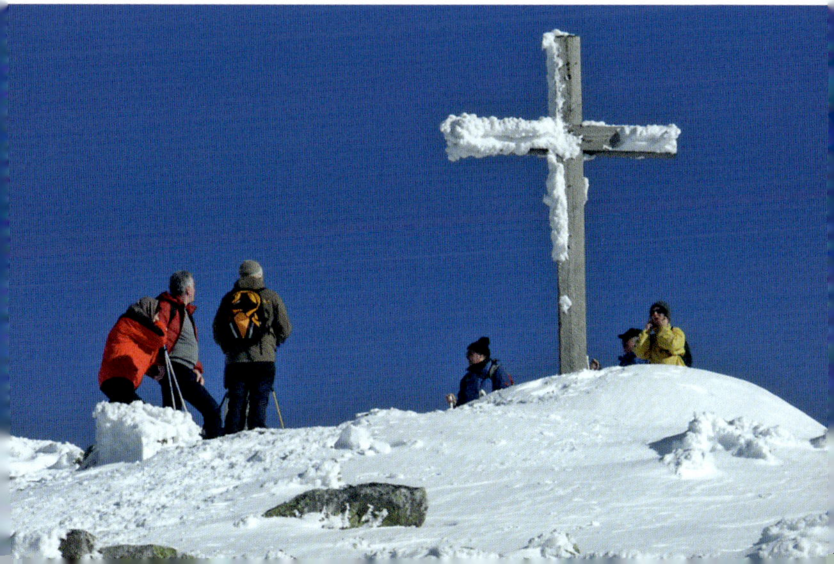

Bei anspruchsvollen und alpinen Touren sollten für den Fall, dass Sie den Zeitplan nicht einhalten können, mögliche Abkürzungen eingeplant werden. Das Spuren im schweren Schnee, Stollen oder Bruchharsch kosten Zeit und Energie und bringen den Plan schnell durcheinander.

Wetter und Lawinen

Auch der beste Schneeschuhführer ersetzt nicht die eigene Tourenplanung. Wechselnde Faktoren wie Schneelage oder Wetterverhältnisse finden Sie in der Tourenbeschreibung logischerweise nicht. Hier bietet das Internet hervorragende aktuelle Informationsquellen.

Die besten und detailliertesten Informationen – auch auf Outdoorsportler zugeschnitten – liegen für den Alpenraum vor. Hier geben die Websites der Alpenvereine zuverlässige und verständliche Wetterprognosen sowie aktuelle Lawinenwarnungen. Für das Mittelgebirge reichen die Auskünfte der allgemeinen Wetterdienste.

Wetterberichte

Wettervorhersagen sind durch eine enorme Datenmenge und die computergestützte Auswertung recht genau geworden. Trotzdem können sich die Prognosen für ein und denselben Ort bei unterschiedlichen Anbietern unterscheiden. ☺ Am besten starten Sie also mehrere Abfragen, um sich ein eigenes Bild zu machen!

- ▷ Eine recht zuverlässige und übersichtliche Prognose ohne zu viele Werbebanner liefert 💻 www.wetter24.de. Sie können sich hier über das Wetter der nächsten 14 Tage informieren, wobei die Zuverlässigkeit natürlich geringer wird, je weiter Sie in die Zukunft schauen. Sie können sich den Dienst auch als App auf Ihr Smartphone herunterladen.
- ▷ Auch Meteoblue liefert eine sehr gute und übersichtliche Prognose bis zu 14 Tage im Voraus: 💻 www.meteoblue.com.
- ▷ Für die Alpenregion empfiehlt sich die Wetterseite des Deutschen Alpenvereins unter 💻 www.alpenverein.de. Telefonisch bekommen Sie dort Informationen vom Wetter-Tonband unter ☏ 089/29 50 70 (ab 16:00 für den Folgetag). Eine persönliche Beratung gibt der Österreichische

Alpenverein unter ☏ +43/512/29 16 00 (Mo-Fr 13:00-18:00). Dieselben Daten erhalten Sie auch über die App „Alpenwetter" von Daniel Priewasser für Android- und Apple-Smartphones.

☺ Eine kommentierte Liste verschiedener Wetterdienste finden Sie unter 💻 www.trekkingguide.de/wetter.htm.

Lawinenlageberichte

Bei Touren in Hochgebirgsregionen liefern Lawinenlageberichte wertvolle Informationen:

- ▷ Die Lawinenlage im gesamten Alpenraum beschreibt die hervorragende Website des Deutschen Alpenvereins. Hier können Sie sich auch zu den einzelnen Regionen durchklicken.
  💻 www.alpenverein.de/DAV-Services/Lawinen-Lage
- ▷ Der Lawinenwarndienst Bayern liefert Prognosen für die deutschen Alpen und das Alpenvorland. Bandansage unter ☏ 089/92 14 15 10. Täglich ab 8:00 aktualisierte Daten. 💻 www.lawinenwarndienst-bayern.de, www.facebook.com/lawinenwarndienst.bayern
- ▷ Lawinenlage Österreich: Hier sind die Daten nach Bundesländern geordnet abrufbar. Auch über Schneehöhen und die Wetterlage wird informiert. Täglich ab 8:00 aktualisierte Daten. 💻 www.lawine.at
- ▷ Lawinenlage Südtirol: Die Provinz Bozen gibt diesen guten Bericht heraus. Leider erscheinen die Aktualisierungen manchmal erst gegen 10:00.
  ☏ Tonband: +39/04 71/27 11 77, Beratung: +39/04 71/41 61 40,
  💻 www.provinz.bz.it/lawinen
- ▷ Das SLF – Eidgenössisches Institut für Schnee- und Lawinenforschung – veröffentlicht das Lawinenbulletin Schweiz. Das ist ein hervorragender Lawinenwarndienst, auch mit Informationen zu den Schneeverhältnissen, Lawinenunfällen und vielen Hintergrundinfos zu Lawinen. Über SMS können Sie sich bei aktuellen Warnungen benachrichtigen lassen. Täglich ab 17:00 aktualisierte Daten.
  ☏ Beratung unter +41/81/417-01 11, 💻 www.slf.ch/lawinenbulletin
- ▷ AINEVA: Lawinenlage für alle gefährdeten Gebiete Italiens auf Italienisch.
  💻 www.aineva.it
- ▷ Meteofrance: Lawinenlage für die französischen Alpen und die nördlichen Pyrenäen, auf Französisch. 💻 www.meteofrance.com

- ▷ EAWS – European Avalanche Warning Services: Lawinenlageberichte in verschiedenen europäischen Ländern. www.avalanches.org
- ▷ Weltweite Lawinenwarninformationen finden sich auf der leider etwas unübersichtlichen, englischsprachigen Website.
  www.avalanche-center.org
- ▷ Weitere regionale Lawinenwarndienste und weitere Informationen zu diesem Thema finden Sie unter
  www.trekkingguide.de/wetter/lawinen.htm.

Warnschilder finden sich in den Bergen nur selten, daher ist Eigenverantwortung gefragt.

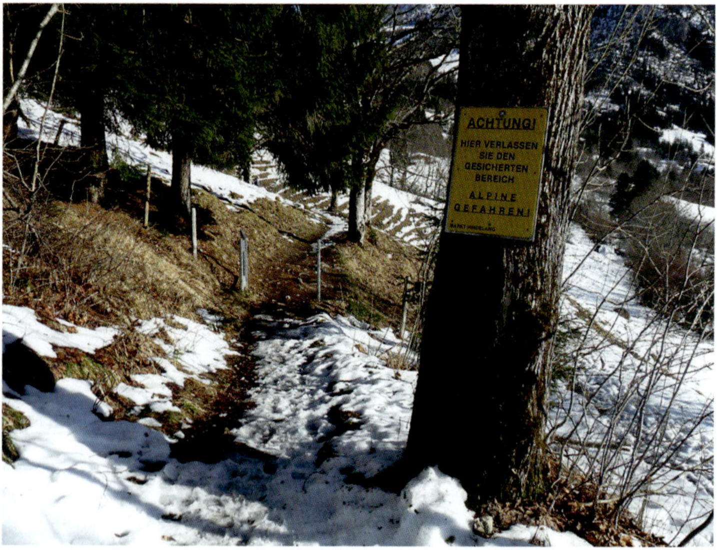

Webcams

Ein gutes Bild über die Schnee- und Wetterlage können Sie sich auch durch eine Webcam verschaffen. In vielen Fremdenverkehrsregionen sind solche Kameras installiert und senden über das Internet ein Livebild oder ein aktuelles Foto.

Taktik und Routenwahl: Sicher und kraftsparend unterwegs

Taktik solo

In der Ruhe liegt die Kraft! Langsam und mit einem gleichmäßigen Puls sollten Sie unterwegs sein, um sich nicht zu früh zu erschöpfen. Machen Sie es wie ein Marathonläufer oder ein Rennradfahrer bei der Tour de France. Wer gleich lossprintet, der verliert. Ein spanisches Sprichwort sagt übersetzt: „Losgehen wie ein Alter und ankommen wie ein Junger – oder losgehen wie ein Junger und ankommen wie ein Alter."

Taktik in der Gruppe

Bei Gruppen sollte sich die Route an den Bedürfnissen des schwächsten Gruppenmitgliedes orientieren. Das gilt aber nicht in jedem Fall. Bei ausgeschriebenen geführten Touren steht es in der Verantwortung des Teilnehmers, sich nur zu Unternehmungen anzumelden, die er gut bewältigen kann.

Tiefschnee kostet Kraft, daher wechselt man sich beim Spuren ab.

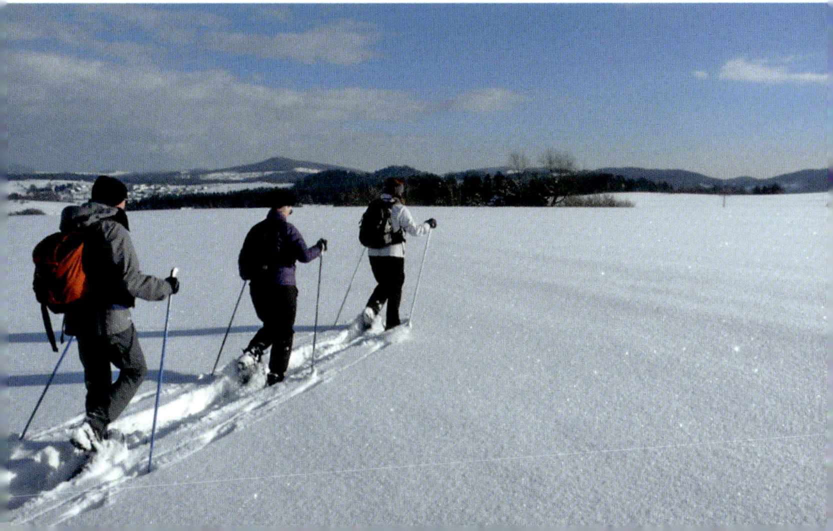

Die Rennradfahrer unter den Lesern kennen den Belgischen Kreisel. Ähnlich können auch Schneeschuhwanderer viel Kraft beim Spuren sparen. Die Gruppe folgt dem Führenden und Spurenden im Gänsemarsch. Ermüdet dieser nach einer Weile, lässt er sich neben der Spur langsam zurückfallen und fädelt als Letzter wieder in die Spur ein. Der zweite übernimmt nun die Position 1 und spurt so lange, bis auch er leichte Ermüdung verspürt (oft nach etwa 10 Min.). Dann übernimmt der Nächste in der Reihe ... usw.

Bei vielen Touren geht immer dieselbe Person an erster Stelle, z. B. weil sie die kräftigste, erfahrenste, die mit dem ausgeprägtesten Orientierungsvermögen, allein ortskundig oder mit der Führung beauftragt ist. Auch Erfahrungen in der Routenwahl sind ein wichtiges Kriterium für den Vorläufer. In solchen Fällen sollte die spurende Person mit den am besten für die entsprechenden Verhältnisse geeigneten Schneeschuhmodellen ausgerüstet sein. Es ist auch nicht ungeschickt, wenn der Spurer oder die Spurerin auf längeren Touren einen etwas leichteren Rucksack trägt, d.h. etwas Gepäck an die weiter hinten laufenden Gruppenmitglieder abgeben kann.

Routenwahl

Die gute Routenwahl ist eine Kunst und erfordert spezifische Kenntnisse und Erfahrung. Die optimale Route variiert u.a. nach Geländeform, Schneeverhältnissen, Wetter und den persönlichen Voraussetzungen des Schneeschuhwanderers.

Die Route folgt der Linie mit der geringsten Steigung.

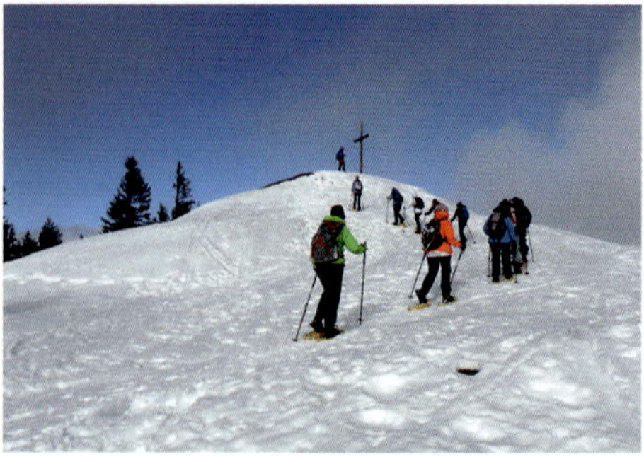

Eine gute Routenwahl beginnt schon bei der ☞ Tourenplanung. Hier wähle ich das Gelände aus, in dem ich meine Route optimal anlegen kann.

Anders als bei sommerlichen Bergtouren heißt das Motto auf Schneeschuhen im Winter: sanft aufsteigen, steil absteigen. Der sanfte Aufstieg lässt ermüdungsfreies, gleichmäßiges Gehen in direkter Linie zu, der steile Abstieg erlaubt das Zu-Tal-Rauschen in großen, gut abgefederten Schritten. ☞ Gehtechnik bergab

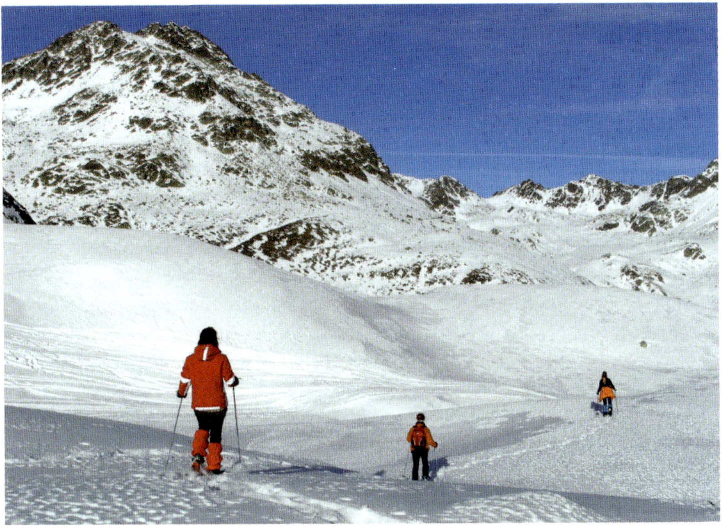

Auf den Buckeln liegt der Schnee kompakter als in den Mulden, dadurch sinken Sie weniger tief ein.

Routenwahl im Allgemeinen und in der Ebene

Zu den schönen Seiten des Schneeschuhwanderns gehört die Freiheit, die Route im Winter ohne Rücksicht auf Weidevieh oder Feldfrüchte bei hohem Schnee querfeldein führen zu können. Immer der Nase nach und direkt auf das Ziel zu. Das geht am besten, wenn der Schnee hoch genug liegt, um Gräben zu verfüllen und das Übersteigen von (halb im Schnee versunkenen Zäunen) zu erleichtern. Trotzdem helfen einige Überlegungen zur Routenwahl. Sie können z. B. kleine Hügel nutzen, um festgeblasene oder sonnenexponierte festere Schneeflächen unter die Schneeschuhe zu bekommen. Ebenso sollten Sie unter Umständen Mulden oder Leelagen umgehen, um Lockerschneeansammlungen zu meiden. Das erleichtert das Spuren.

☺ Da der Wind im Winter, vor allem bei Schneetreiben, oft unangenehm bläst, nutzen Sie am besten Waldstücke oder Hügel, um im Windschatten zu bleiben.

Wenn es schon eine Fährte gibt, die zu Ihrem Ziel führt, kann das die Spurarbeit sehr erleichtern. Auch wenn diese Spur schon wieder fast zugeschneit ist, läuft man auf dem festgetretenen Untergrund besser als im tiefen Schnee daneben. Allerdings sollten Sie immer mal wieder prüfen, ob die Spur nicht zu weit aus Ihrer Richtung läuft. Vielleicht will Ihr Vorgänger ja ganz woandershin.

Sehr ungünstig sind Wege, auf denen schon mehrere Fußgänger den Untergrund ungleichmäßig zertreten haben. Durch den teilweise verfestigten Untergrund kippeln die Schneeschuhe hin und her und das Gehen erfordert mühsame Ausgleichsarbeit und Konzentration. Besser laufen Sie meist daneben im unberührten Schnee. Präparierte Winterwanderwege hingegen sind auch für Schneeschuhgeher ein angenehmer Untergrund, auch wenn das Gefühl des „Wanderns in unberührter Natur“ etwas darunter leidet.

Präparierte Winterwanderwege können auch mit Schneeschuhen bewandert werden. Die Harscheisen geben an glatten Stellen Halt.

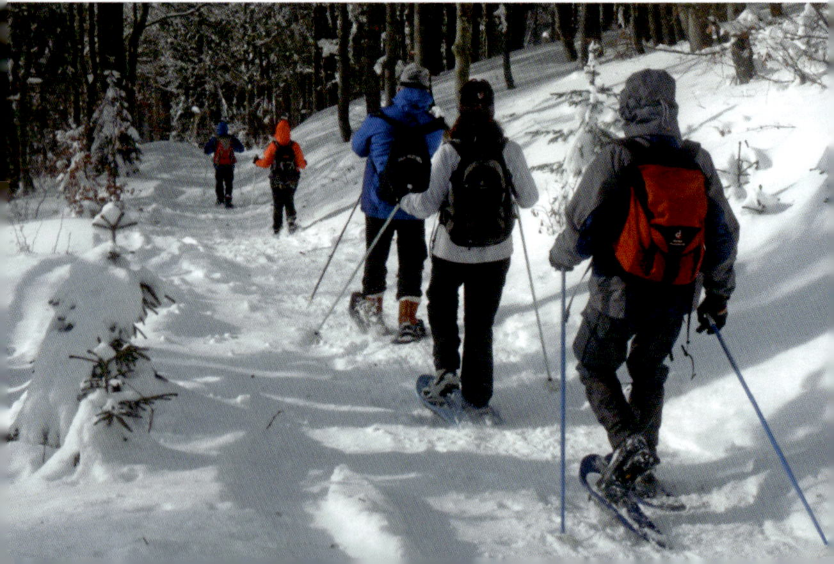

Loipen sind für Schneeschuhgeher und Fußgänger natürlich tabu. Aber neben der Loipe ist oft genügend Platz für eine Schneeschuhspur (☞ Langläufer).

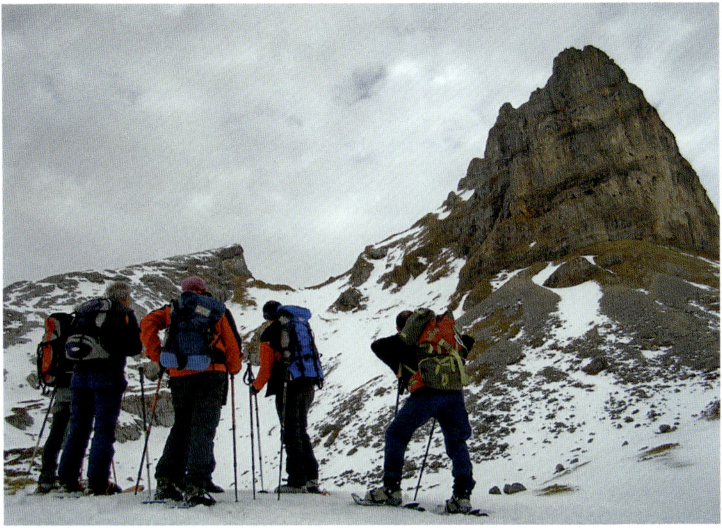

Bei der Routenwahl zahlt sich Erfahrung aus.

Routenwahl bergauf

Beim Aufstieg scheiden sich die Geister. Je nach Kraft und Ausdauer legt der eine seine Spur in weiten Serpentinen an, der andere steigt in Falllinie senkrecht auf. Für die Beurteilung der perfekten Spur spielen viele Aspekte eine Rolle: Kraft und Ausdauer des Schneeschuhbergsteigers, Härte und Tiefe des Schnees, der Grad der Steigung u. v. m. Grundsätzlich lässt sich sagen, dass beim Schneeschuhwandern öfter in senkrechten Spuren aufgestiegen wird, als man das beim Wandern oder Bergsteigen machen würde. Eine Serpentine zieht zwar mit ihrer geringeren Steigung weniger Energie, aber dafür wird die Strecke – und damit die Arbeit des Spurens – deutlich länger. Außerdem ist das Queren der Hänge in Serpentinen besonders auf breiten Schneeschuhen recht unbequem und sehr belastend für die Knöchelgelenke.

Entscheidungshilfen

- ▷ Je steiler der Hang, desto eher wird man in Serpentinen gehen.
- ▷ Steigt man auf gefrorenem Schnee, hartem Firn oder festem Harsch auf, wird man eher zur senkrechten Spur neigen. Nur so lassen sich die Frontalzacken optimal einsetzen und das unangenehme seitliche Ankanten entfällt.
- ▷ In weichem tiefen Schnee müssen die Schneeschuhe beim Queren weniger angekantet werden und die Serpentinenspur wird günstiger.
- ▷ Geht eine weniger ausdauerstarke Gruppe mit einem starken Führer, dann wird Letzterer für die Gruppe eine Serpentinenspur legen. Der Aufstieg zehrt so weniger an der Kraft und das Spuren übernimmt der Führer. In der fertigen Spur muss weniger gekantet werden.
- ▷ Wenn Gruppenmitglieder Schneeschuhmodelle ohne Steighilfen und/oder Frontalzacken nutzen, wird man sich eher für Serpentinen entscheiden.
- ▷ Bei breiten Modellen spricht das stärkere Ankanten gegen Serpentinen.
- ▷ Bei Lawinengefahr wird auf dem sichersten Teil des Hanges eher in senkrechter Spur aufgestiegen.

Letztlich muss jeder Schneeschuhgeher für sich entscheiden, in welchen Situationen er welchen Argumenten das meiste Gewicht zumisst. Nach einigen Touren schärft sich das Beurteilungsvermögen und die Routenwahl erfolgt immer mehr aus dem Gefühl heraus (das jedoch immer mal wieder kritisch hinterfragt werden sollte).

Beim Aufsteigen spart ein härterer Untergrund wie festgeblasener oder gefrorener Schnee oder fester Firn viel Kraft beim Spuren, während im Abstieg der weiche, lockere Schnee erste Wahl ist.

Gerade beim Aufsteigen gerät der Schneeschuhgeher leicht in Versuchung, eine vorhandene Skispur zu nutzen. Aus Fairnessgründen sollten Sie aber die intakten Aufstiegsspuren der Tourengeher nicht zertreten (☞ Skitourengeher).

Routenwahl bergab

Auch im Abstieg bevorzugen die Schneeschuhbergsteiger meist die Falllinie, also gerade nach unten. Das funktioniert gut bei lockerem oder weichem Schnee einer gewissen Tiefe. Bei sehr steilen Hängen und ungünstigeren Schneeverhältnissen ist eine Anlage der Spur in Serpentinen aber oft sicherer. Besonders bei Schnee-

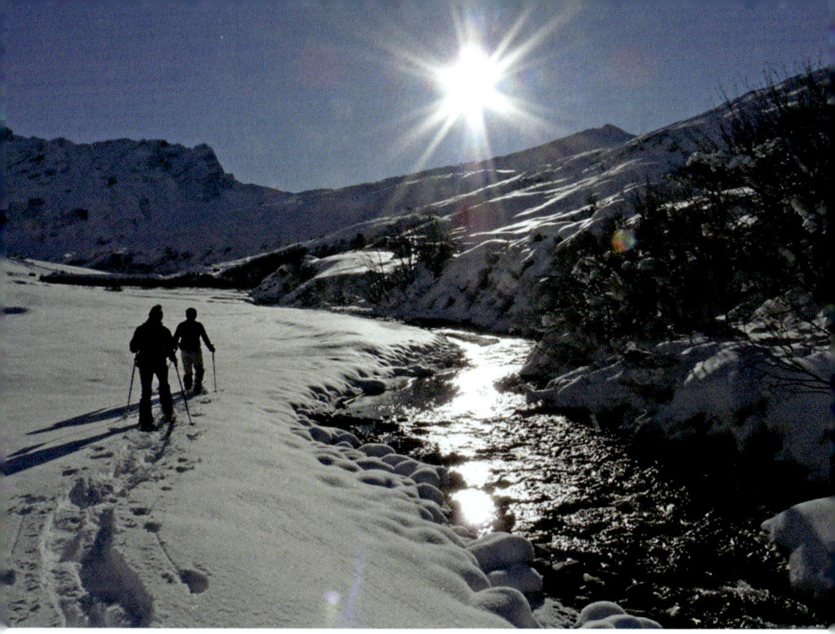

Rechtes oder linkes Ufer? Auch die Talseite will gut gewählt sein.

schuhen mit einem langen Heck werden Sie eher zu Serpentinen tendieren als bei hinten kürzeren Modellen. Gleiten können Sie bei guten Schneeverhältnissen trotzdem, wenn auch etwas weniger schwungvoll.

Während das Aufsteigen in einer vorhandenen Spur eine Menge Kraft spart, steigt man als Schneeschuhwanderer am liebsten im ungespurten Schnee ab. Dort können Sie in Riesenschritten zu Tal gleiten, die Härten und Unebenheiten einer Spur stören dabei eher (☞ Gehtechnik).

Meiden Sie beim Abstieg wenn möglich harte Schnee- oder Firnflächen. Hier fehlen die Dämpfungseigenschaften des lockeren Schnees, und in Kombination mit der starren Haltung der Füße in den Bindungen führt das zu einer starken Belastung der Kniegelenke. Auf dem harten Untergrund ist das Gleiten nicht möglich. Hier empfehlen sich daher kleine Schritte. Oft lässt sich aber in der Nähe schon eine Hangexposition mit besseren Bedingungen finden.

✋ Begeben Sie sich an steilen Hängen nicht in Lawinengefahr, die Sicherheit der Route sollte vor der Bequemlichkeit stehen!

Sichere Routen

Durch eine geschickte Routenwahl können Sie viele Gefahren vermeiden, besonders die im Gebirge immer latent vorhandene Lawinengefahr.

Der lang gestreckte Rücken führt aussichtsreich, komfortabel und sicher zum Gipfel.

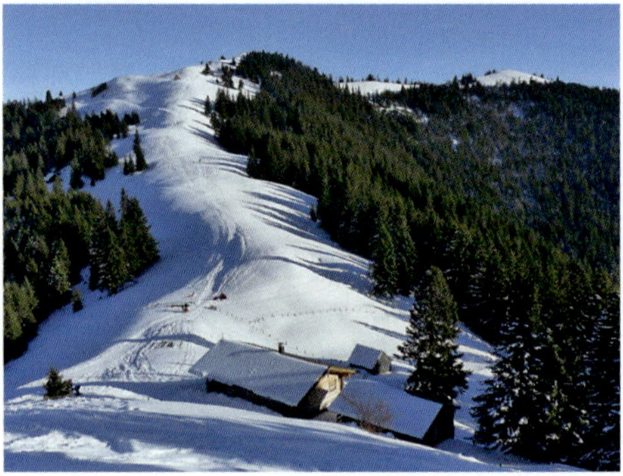

☺ Nutzen Sie bewaldete Flächen! Sie müssen nicht unbedingt im Wald laufen, aber oft können Sie Ihre Route so wählen, dass Sie steile und damit lawinengefährdete Hänge unterhalb von Waldstücken queren.

☺ Nutzen Sie Rücken und Kämme! Gerade im Gebirge bieten sich häufig Höhenrücken und Kammverläufe für die Routenwahl an. Da Lawinen nach unten abgehen, sind Bergkämme sicherer als Hangflächen. Außerdem ist dort der Schnee oft etwas dichter abgelagert, was das Gehen erleichtert. ✋ Achten Sie dabei auf gefährliche Schneewechten!

Orientierung

Die Orientierung auf einer winterlichen Tour ist oft deutlich schwieriger als beim Wandern im Sommer. Bekannte Wege sehen bei Schnee plötzlich ganz anders aus oder sind gar nicht mehr zu erkennen, Schilder sind verschneit oder vereist und Markierungen werden von der weißen Pracht oder herunterhängenden Ästen verdeckt.

Wege und Markierungen verstecken sich im Winter unter Schnee oder Eis.

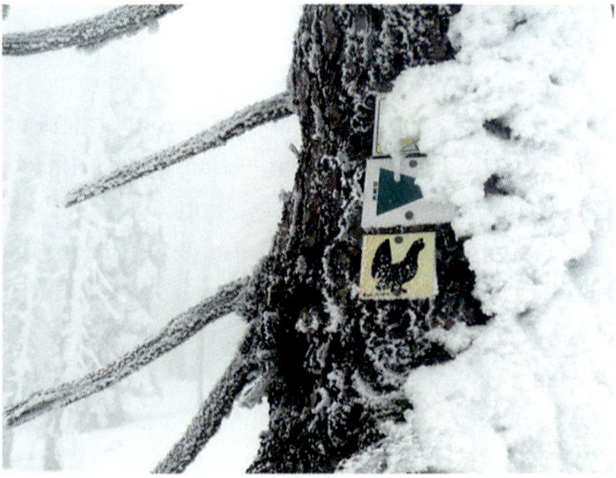

Bei Schneetreiben fehlen markante Orientierungspunkte und im Extremfall ist die Sicht schlechter als in dichtem Nebel. Auch für das beliebte Querfeldeinwandern braucht der Schneeschuhwanderer ein gehöriges Maß an Orientierungsvermögen.

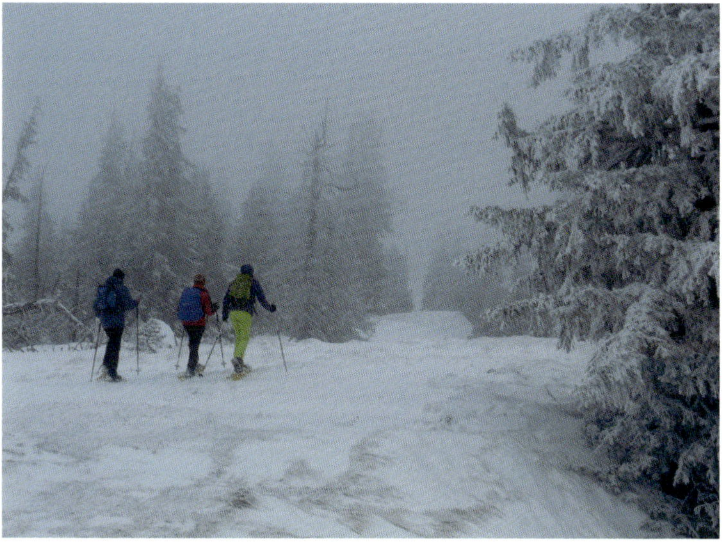

Nebel und schlechte Sicht sind im Winter keine Seltenheit.

Neben einem trainierten Orientierungssinn und einem guten Gespür für das Gelände sollte der Umgang mit der Wanderkarte und dem Kompass, gegebenenfalls auch mit dem Höhenmesser oder dem GPS-Empfänger, sicher gelingen. Gerade Letzterer bietet bei winterlichen Verhältnissen große Vorteile. Das weiß jeder, der schon mal versucht hat, im Schneesturm eine Wanderkarte auszubreiten.

Allerdings haben auch GPS-Geräte oder GPS-fähige Smartphones ihre Tücken. Neben der schnellen Akkuentleerung bei niedrigen Temperaturen ist z. B. auch der Empfang bei Schneetreiben ein Problem. Sie sollten sich also nicht zu 100 % auf diese praktischen Helfer verlassen.

Wer sich seines Orientierungsvermögens nicht sicher ist, sollte seine Tour defensiv planen. Bei stabilem Wetter und in beliebten Schneeschuhwandergebieten können Sie sich – wie in einer Loipe – oft auch an der Spur Ihres Vorgängers orientieren. Aber Vorsicht, Sie können nie sicher sein, ob Ihr Vorläufer dasselbe Ziel hat wie Sie.

Beim Abstieg vom Großvenediger zur Kürsinger Hütte im Schneetreiben folgte eine andere Gruppe unseren Spuren im Schnee. Als wir nach mehreren Stunden am Fuße des Gletschers die Steigeisen auszogen und die andere Gruppe aufholte, stellte sich der Irrtum heraus: Sie wollten zu einer ganz anderen Hütte. Dieser Plan musste – unter Murren und Schimpfen – dann aber fallen gelassen werden, da es schon zu spät war, um noch einmal umzukehren.

Eine Einführung in das Thema Orientierung bietet das Outdoor-Handbuch „Karte · Kompass · GPS“, Reinhard Kummer, Conrad Stein Verlag, ISBN 978-3-86686-478-8.

Wenn Sie einer Spur folgen, sollten Sie wissen, wohin diese führt!

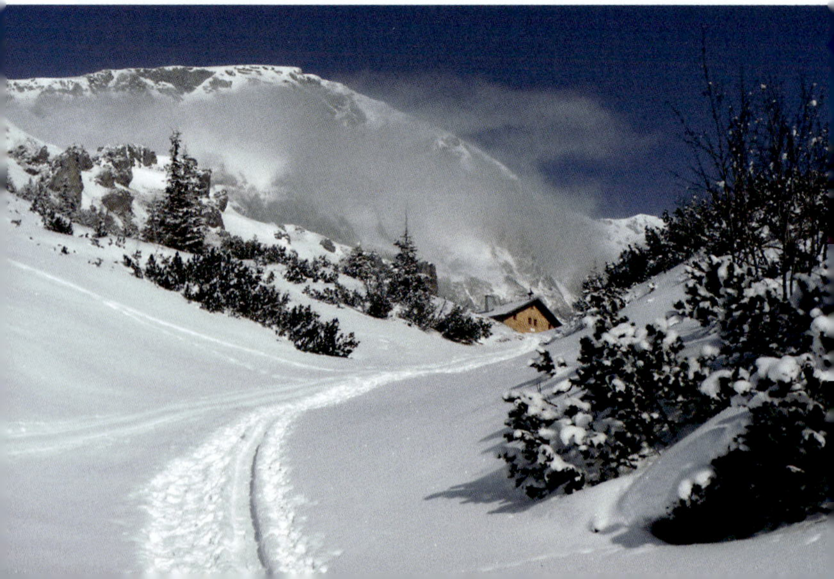

Gefahren und Notfälle

Überschneite Bachläufe und Spalten

Schnee ist undurchsichtig. Wenn Sie durch die Winterlandschaft wandern, sehen Sie nicht, was unter dem Schnee verborgen liegt. Überschneite Löcher, Spalten oder Gewässer können zur Falle werden.

Ein typischer Unfall passiert oft im Frühjahr, wenn unter der Schneedecke erste Schmelzwasserbäche fließen. Sie tauen die Schneedecke von unten an und es ist für den Wanderer kaum erkennbar, wie dick und stabil die Schneebrücke ist.

Verschneite Gletscher sind tückisch, da die Spalten nicht zu sehen sind. Daher sollten Sie sich hier mit der Seilsicherungstechnik auskennen oder Gletscher meiden!

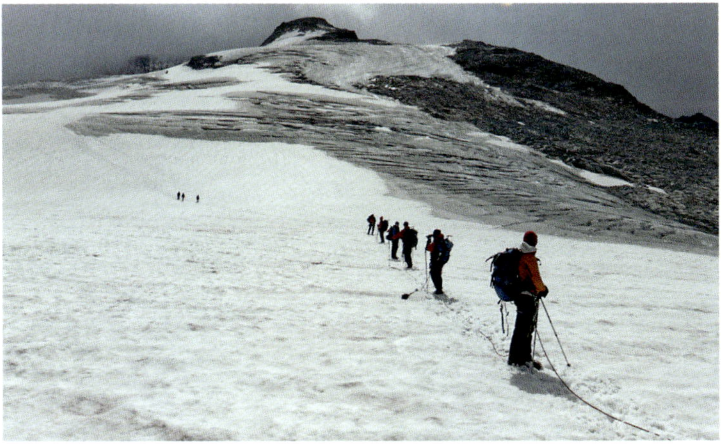

Lawinen

Die größte Gefahr bei winterlichen Touren im Hochgebirge sind Lawinen. Unterhalb der Waldgrenze ist die Lawinengefahr meist gering – aber nicht ausgeschlossen. Auch an Steilhängen im Mittelgebirge ist man vor Lawinenunfällen nicht zu 100 % sicher, wie z. B. ein Fall vom Feldberg im Schwarzwald aus dem Jahr 2015 zeigt. Dabei kamen zwei Wintersportler ums Leben.

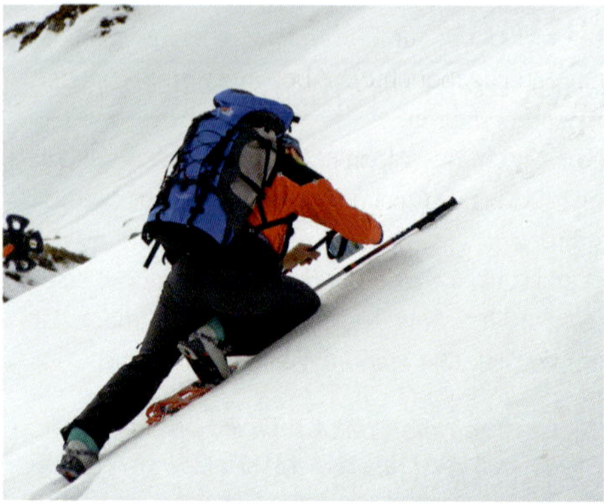

Hangneigungsmessung mit der Snowcard im Gelände will gelernt sein.

Der Umgang mit der Lawinengefahr im Hochgebirge will gelernt sein. Die vielfältige Literatur kann die Aneignung spezieller Kenntnisse in einem Kurs nicht ersetzen. Dort lernen Sie die Einschätzung der Lawinengefahr, das richtige Verhalten vor Ort sowie die Bedienung der technischen Hilfsmittel wie Snowcard und Lawinenverschüttetensuchgerät (LVS, ein Ortungsgerät, das sendet und empfängt).

Die sichere Routenwahl ist immer ein Kompromiss und nur ein Element im Risikomanagement.

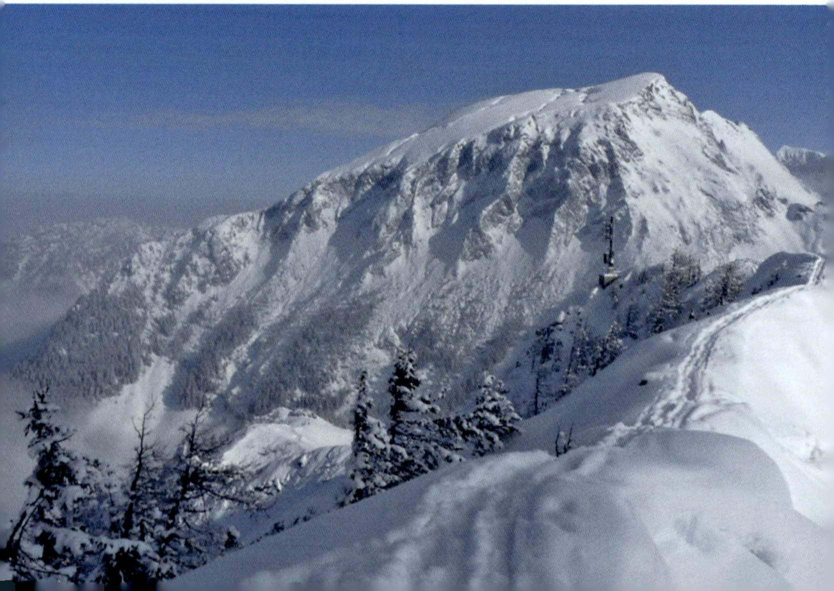

Absolute Pflicht und Grundlage der Planung für Touren im Hochgebirge ist die Kenntnis der Lawinenlage (☞ Lawinenlageberichte). Aber auch eine günstige Lawinenwarnstufe birgt noch genügend Gefahren.

Besonders hohe Lawinengefahr besteht in den Alpen oberhalb der Baumgrenze, in Expositionen von Nordwest über Nord bis Ost, nach windigen Wetterverhältnissen, bei Neuschnee auf einer Altschneeunterlage, nach starker Erwärmung usw. – Sie sehen, das Thema ist komplex und verlangt gute Schulung und Erfahrung.

📖 3x3 Lawinen: Risikomanagement im Wintersport, Werner Munter, ISBN 978-8870737752

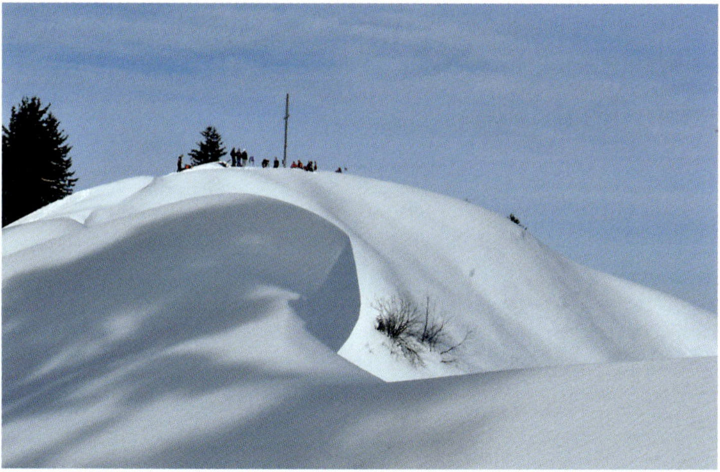

Wechten sind labile Gebilde und sollten nicht betreten werden!

Begehen von Kämmen und Graten

Schneewechten sind überhängende „Balkone", die sich auf der Leeseite von Bergkämmen bilden. Der Wind transportiert Schneeflocken über den Bergkamm. Auf der windabgewandten Seite lagern sie sich an und bilden fragile Girlanden. Viele Lawinen entstehen aus Schneewechten. Diese sollten Sie weder von oben betreten, noch unter ihnen hindurchwandern.

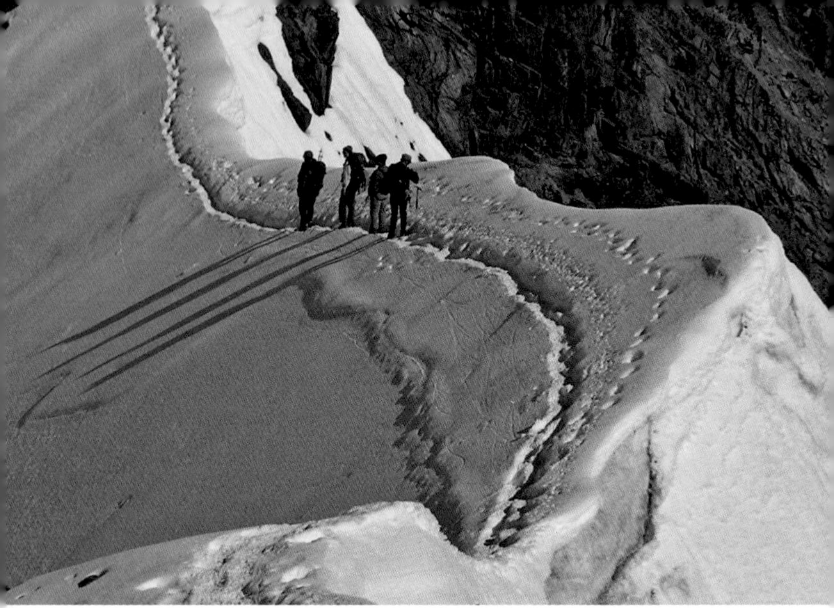

Gute Spuranlage auf der Luvseite, etwas unterhalb des Grates. Nur ein einzelner Bergsteiger hat sein Schicksal herausgefordert (Fußstapfen rechts von der Spur).

Bei der Begehung von Graten und Kämmen mit Schneewechten sollten Sie nicht direkt auf der höchsten Linie gehen, sondern etwas unterhalb auf der Luvseite. Brechen die Wechten auf der Leeseite ab, so nehmen sie meist den auf dem Grat liegenden Schnee – und die sich dort befindlichen Wintersportler – mit ins Tal.

Reichen Ihre Lawinenkenntnisse für individuelle Touren in den Alpen nicht aus, können Sie sich einer organisierten Schneeschuhwanderung anschließen oder sich einen Bergführer mieten – oder Sie weichen ins Mittelgebirge aus.

Eis- und Steinschlag

Eisschlag ist eine selten formulierte Gefahr für Winterwanderer, kommt aber durchaus vor. Besonders unter hohen Masten, Stromleitungen oder Gipfelkreuzen und im Wald sollten Sie aufpassen, dass Ihnen keine Eisbrocken auf den Kopf fallen können. Insbesondere sollten Sie nicht gerade hier Ihre Picknickpause einlegen.

Durch häufige Frostwechsel und die Durchnässung des Bodens bei Schneeschmelze kommt es im Winter häufiger zu Steinschlag. Mit etwas Erfahrung im Gelände können Sie gefährdete Stellen erkennen und zügig überwinden oder sie ganz meiden.

Eisschlag wird oft unterschätzt.

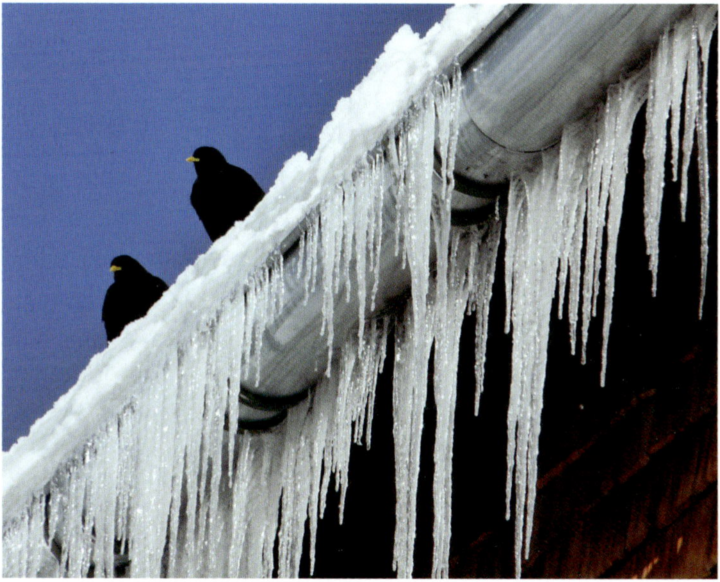

Erschöpfung und Unterkühlung

Gehen Sie sparsam mit Ihren Reserven um! Wenn Sie sich im Winter zu stark erschöpfen, werden Sie ein leichtes Opfer von Unterkühlung. Die Kombination aus Erschöpfung und Unterkühlung kann lebensgefährlich sein!

Angemessene Bekleidung, warme Getränke, genügend Nahrung und eine defensive Tourenplanung helfen, solche Probleme zu vermeiden.

Notfallmanagement

Maßnahmen

Was ist zu tun, wenn ein Unfall passiert ist?

▷ Ruhe bewahren!
▷ Selbstschutz (ein Verletzter braucht einsatzfähige Retter)
▷ Verletzten vor weiterem Übel schützen, aus der Gefahrenzone bringen
▷ Erste Hilfe leisten
▷ Notruf absetzen
▷ Anweisungen des Rettungsdienstes oder der Bergwacht beachten
▷ Verletzten betreuen (Zuspruch, Wärme, beruhigen, beobachten ...)

Notruf

Vor dem eigentlichen Notruf:

▷ Übersicht verschaffen, Notfall klar erfassen
▷ Welche Verletzungen liegen vor?
▷ Wie viele Personen sind verletzt?
▷ Wo befinde ich mich?

Folgende Informationen werden vom Rettungsdienst benötigt:

▷ Wo? genaue Ortsbezeichnung, Koordinaten, Höhe ... (zuerst Standort angeben, falls Kontakt zwischenzeitlich abbricht)
▷ Was ist geschehen?
▷ Wie viele Verletzte gibt es?
▷ Welche Verletzungen liegen vor? Notarzt erforderlich oder nicht?
▷ Wer ruft an?
▷ Wetterverhältnisse vor Ort?
▷ Getroffene Maßnahmen, eigene Mittel?
▷ Fragen zulassen! Nicht sofort wieder auflegen!

Weitere Maßnahmen: Handyakku sparen, Leitung frei halten, beruhigend auf alle Beteiligten einwirken.

▷ Notrufnummer (international): 112

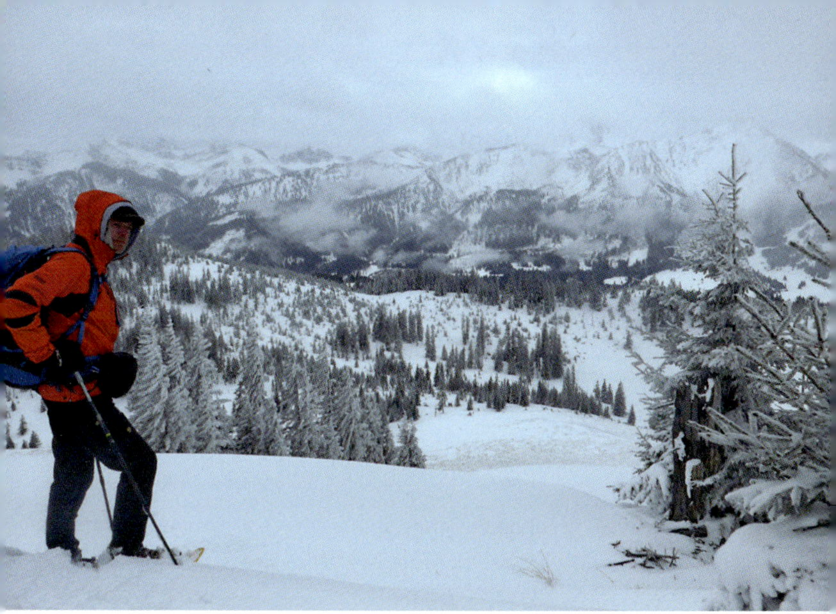

Die richtige Kleidung und eine vorsichtige Tourenplanung beugen auch fern der Hütte Erschöpfung und Unterkühlung vor.

Bitte beachten Sie, dass Sie sich in der Natur – und besonders im Gebirge – oft außerhalb der Netzabdeckung der Telefonanbieter befinden.

Das alpine Notsignal hilft, wenn das Handy nicht zur Verfügung steht:

- ▷ 6 Mal pro Min. (= 6 Mal alle 10 Sek.) Signal geben (optisch oder akustisch)
- ▷ 1 Min. Pause
- ▷ dann wieder 6 Mal pro Min. Signal geben

Wenn Sie gehört/gesehen wurden, wird geantwortet, mit einem Signal 3 Mal in einer Minute.

Die Signale können akustisch oder optisch sein, z. B. mithilfe von Taschenlampe, Kamerablitz, Pfeife, Spiegel (Sonnenstrahlen), Signalraketen etc. Manchmal hilft etwas Fantasie. Selbst Rettungen nach Sichtung eines Handydisplays im Dunkeln hat es schon gegeben.

Bei Sichtkontakt gibt es ein weiteres internationales Notsignal:

- ▷ Y = Yes = Ich brauche Hilfe: Eine Person steht aufrecht mit geschlossenen Beinen und über dem Kopf ausgebreiteten Armen. Sie bildet ein Y nach.
- ▷ N = No = Ich brauche keine Hilfe: Eine Person seht aufrecht mit geschlossenen Beinen, hebt den rechten gestreckten Arm und senkt den linken. Sie formt den mittleren, schrägen Balken des Buchstabens N.

Dieses System eignet sich auch, um ggf. mit einem Helikopterpiloten zu kommunizieren und Fragen mit Ja oder Nein beantworten zu können.

Im Notfall hilft der Helikopter – aber nicht bei jedem Wetter!

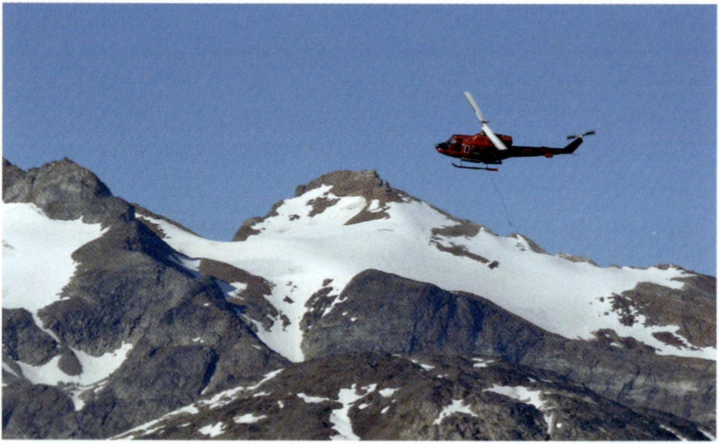

Tourengebiete

Prinzipiell können Sie natürlich überall schneeschuhwandern, wo genügend Schnee liegt. Und manchmal ist es gerade ein besonderes Erlebnis, einfach loszulaufen und zu sehen, wohin einen die Schneeschuhe tragen. Meistens empfiehlt es sich aber, ein Gebiet mit einer gewissen Vorauswahl an attraktiven Routen anzusteuern. Das gilt besonders, wenn Sie einen mehrtägigen Schneeschuhurlaub planen.

Ebene

Ja, auch das Flachland ist zum Schneeschuhwandern gut geeignet. Es eröffnet die Möglichkeit, über Wiesen und Felder seine eigene Route zu suchen – ein großartiges Gefühl von Freiheit! Zumindest in Deutschland hapert es in der Ebene oft an der nötigen Menge Schnee. Schweden bietet da schon mehr Möglichkeiten und ist von den norddeutschen Städten nicht allzu weit entfernt.

Mittelgebirge

Für Anfänger ohne Lawinenkenntnisse oder Genusswanderer bieten sich die Mittelgebirge an. Leider ist das Angebot an Gebietsführern für Schneeschuhwanderer gerade dort noch gering. Auch Mitarbeiter in den Touristinformationen zucken bei Fragen nach Schneeschuhrouten noch allzu oft ratlos mit den Schultern. Dann bleibt Ihnen nichts anderes übrig, als normale Wanderführer oder -karten zu bemühen.

Die Wanderwege des Sommers sind oft auch im Winter für Schneeschuhtouren geeignet.

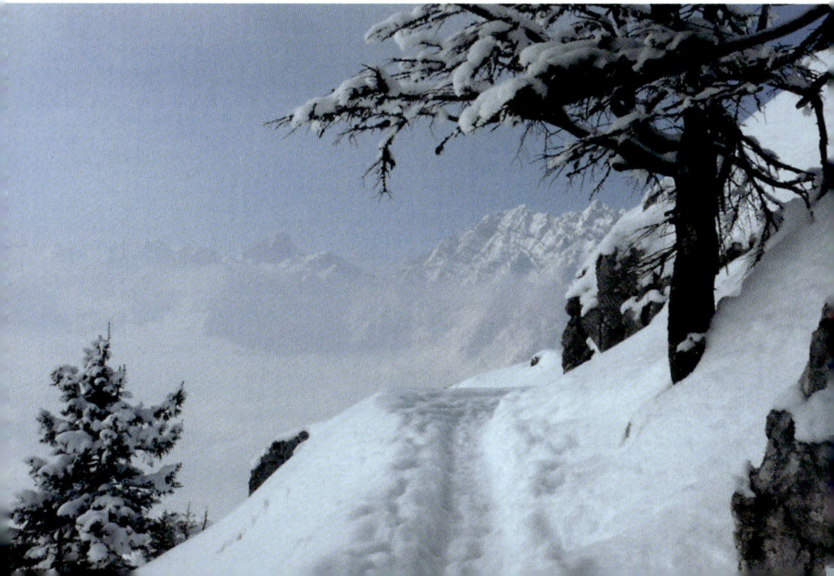

Die meisten Wanderrouten in Gebirgen wie Harz, Rhön, Sauerland oder Erzgebirge können Sie auch im Winter auf Schneeschuhen laufen. Achten Sie aber darauf, nicht durch Wegsperrungen (☞ Langläufer) in Sackgassen zu geraten! Hier einige Beispielregionen:

Harz

Der Harz ist sehr beliebt bei Skilangläufern, aber auch für Schneeschuhwanderer gibt es hier eine große Auswahl toller Routen. Viele der Touren aus meinem Wanderführer „Oberharz" eignen sich für Wintertouren mit oder ohne Schneeschuhe.

Eine Traumtour über die **Hohneklippen** finden Sie zwischen Wernigerode und dem Brocken (Gehzeit 3 Std. 30 Min, 12 km). Dazu starten Sie am Bahnhof Drei Annen Hohne und wandern Richtung Nordwesten zur Leistenklippe und zur Landmannsklippe in märchenhafter Felslandschaft mit wunderschönen Aussichten über das Harzgebirge. Weiter steigen Sie nach Norden ins Holtemmetal ab und erreichen talabwärts entlang des Baches das Gasthaus Steinerne Renne. Es liegt spektakulär auf einem Felsen über dem Wasserfall, der besonders im Winter beeindruckt. Nach der Einkehr geht es weiter hinab zum Bahnhof Steinerne Renne. Von hier lassen Sie sich mit der Harzer Schmalspurbahn – oft von Dampfloks gezogen – zum Bahnhof Drei Annen Hohne zurückbringen. Auch die Fahrt im historischen Zug durch die verschneite Winterlandschaft ist ein tolles Erlebnis.

Die Wege sind gut beschildert und das Gasthaus ist auch im Winter täglich geöffnet. Die Fahrpläne der Harzer Schmalspurbahn finden Sie unter www.hsb-wr.de. Hier können Sie auch erkennen, welche Züge von einer Dampflok gezogen werden.

☺ Einige Tourenvorschläge, Schneeschuhvermieter und geführte Touren im Harz finden Sie unter www.trekkingguide.de/wandern/deutschland-harz-schneeschuh.htm

In GPS-Portalen wie outdooractive.com oder gps-tour.info werden Schneeschuhrouten querfeldein durch den Nationalpark Harz beschrieben. Das Abweichen von Wegen oder markierten Pfaden ist aber im Nationalpark aus Naturschutzgründen streng verboten und kann empfindlich bestraft werden.

📖 Outdoor Regional: Oberharz – 26 Wanderungen, Andreas Happe, Conrad Stein Verlag, ISBN 978-3-86686-508-2

Schneeschuhverleih Clausthal-Zellerfeld: Harz-Agentur, Altenauer Str. 55, 38678 Clausthal-Zellerfeld, ☏ 053 23/98 24 60, www.harzagentur.de

Schneeschuhverleih Braunlage: H. Kunkel, Herzog-Wilhelm-Str. 14, im Hinterhof der Postagentur, ☏ 01 76/63 18 16 79,
www.bekleidung-braunlage.de/skiverleih

Schwarzwald

Im Schwarzwald gibt es viel Platz für Winternaturfreunde. Rund um den Feldberg wurden z. B. viele attraktive Schneeschuhrouten ausgearbeitet, einige sind sogar beschildert und bieten einen Schneeschuhverleih am Start.

Der ausgeschilderte Schneeschuhtrail vom Haus der Natur zum **Feldberggipfel** bietet für Anfänger (nur bei gutem Wetter) und Fortgeschrittene ein tolles Wintererlebnis. Die reine Gehzeit beträgt etwa 3 Std. 30 Min. Auf der 8 km langen Strecke überwinden Sie gut 300 Hm im Aufstieg und im Abstieg. Die Route führt über den Seebuckgipfel, Grüblesattel, Mittelbuck, den Feldberggipfel und über die St. Wilhelmer und die Todtnauer Hütte. In beiden Hütten können Sie schön einkehren.

Parallel zum Hinweg führt der Trail an der Südwestflanke der oben genannten Berge wieder zum Haus der Natur zurück. Letzteres ist sehr gut an den ÖPNV angebunden. Wer es gern einsam hat, sollte hier die sonnigen Wochenenden meiden!

📖 Schneeschuhwandern: Die 34 schönsten Touren im Naturschutzgebiet Feldberg/Schwarzwald, Rainer Haas, ISBN: 978-3765087189

Schneeschuhverleih: Das Haus der Natur am Feldberg vermietet Schneeschuhe und Teleskopstöcke an Individualwanderer und bietet geführte Schneeschuhwanderungen an. Naturpark Südschwarzwald e. V., Haus der Natur, Dr.-Pilet-Spur 4, 79868 Feldberg, ☏ 076 76/93 36-10,
www.naturpark-suedschwarzwald.de/freizeit-sport/schneeschuhwandern

Bayerischer Wald

Im Bayerischen Wald findet der Winterwanderer eine für Mittelgebirge recht hohe Schneesicherheit. Der Nationalpark lockt mit unverfälschter Naturlandschaft, der öffentliche Personenverkehr ist gut ausgebaut und interessante Routen führen auch über die Grenze in den tschechischen Böhmerwald.

Besonders bei klarer Sicht lockt die Schneeschuhwanderung „**Über den Lusen**" (Gehzeit 4 Std. 30 Min., 12 km, 550 Hm). Die Tour ist überwiegend leicht, nur vor dem Gipfel gibt es einen steilen Anstieg. Sie starten an der Bushaltestelle Fredenbrücke kurz vor dem Ort Waldhäuser. Gut beschildert führt die Route über Martinsklause, Teufelsloch und Himmelsleiter auf den Lusengipfel (1.373 m). Haben Sie hier die wunderbare weite Aussicht genügend genossen, fehlen nur noch wenige Meter hinunter zum Lusenschutzhaus, das im Winter freitags bis sonntags zur Einkehr geöffnet ist. Über die Sagwasserklause steigen Sie Richtung Nationalparkzentrum oder nach Waldhäuser ab, beide Ziele sind sehr gut an das Busnetz angeschlossen.

Auf Schneeschuhen über den Lusen

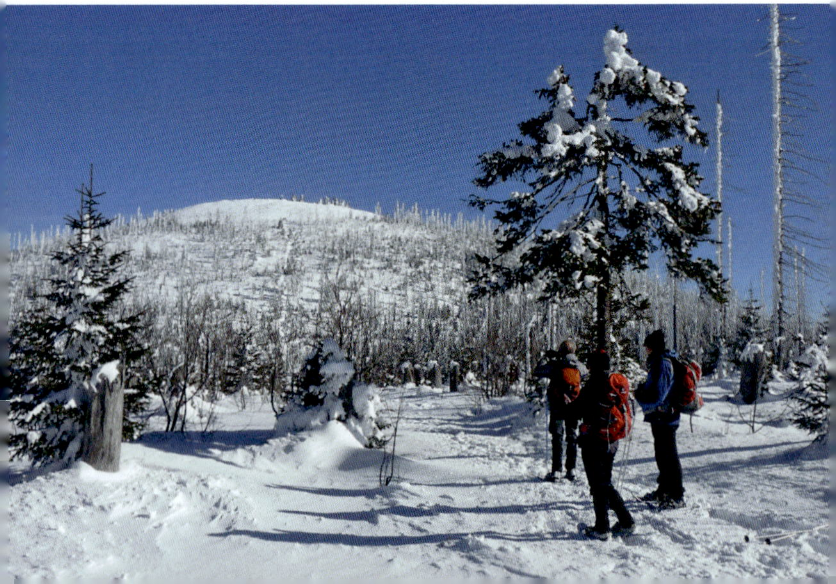

☺ Weitere Tourenvorschläge finden Sie auf der Webseite
💻 www.trekkingguide.de/wandern/deutschland-bayerischer-wald.htm#winter

📖 Leichte Schneeschuhtouren: Allgäuer bis Kitzbühler Alpen, Christian Schneeweiß, ISBN: 978-3765460234. In diesem Führer sind zwei Touren für den Bayerischen Wald beschrieben: der „Große Arber" und die lange „Kammtour über acht Tausender".

Schneeschuhverleih Grafenau: Sport Fuchs, Kirchplatz, 94481 Grafenau, ☏ 085 52/14 36, 💻 www.fuchs-sport.de

Schneeschuhverleih Bodenmais: Sporthaus Weinberger e.K., Jahnstr. 20, 94249 Bodenmais, ☏ 099 24/90 22 73, 💻 www.bodenmais.de/wintersport/service/schneeschuh-verleih.html

Alpenregion

Für die Alpen und deren Vorland sieht das Angebot an Schneeschuhführern schon besser aus. Hier ergeben sich auch Möglichkeiten für Einsteiger, da das Alpenvorland eher Mittelgebirgscharakter besitzt und auf vielen Routen ohne Lawinengefahr bewandert werden kann.

Bayerische Alpen

Die Bayerischen Alpen sind wegen ihrer tollen Berglandschaft und ihrer guten Erreichbarkeit auch bei Schneeschuhtouristen sehr beliebt. An sonnigen Wochenenden kann es hier und da durchaus auch mal voll werden. Von Talwanderungen bis zu hochalpinen Touren für Spezialisten ist alles möglich, was den persönlichen Vorlieben und dem eigenen Können entspricht. Vielfach lassen sich Schneeschuhtouren mit Seilbahnfahrten und Rodelstrecken kombinieren.

Die Tour auf den **Teufelstättkopf** deckt viele Vorlieben ab. Genusswanderer gehen bis zum Pürschlinghaus (1.566 m) und kehren dort ein, während andere den rasanten Aufstieg auf den Gipfel (1.758 m) in Angriff nehmen. Vor allem Letztere werden durch tolle Aussichten belohnt. Für die volle Strecke müssen Sie 6 Std. reine Gehzeit rechnen, für die Tour bis zum Pürschlinghaus eine Stunde weniger. Die Route startet in Oberammergau und führt nach Westen über die

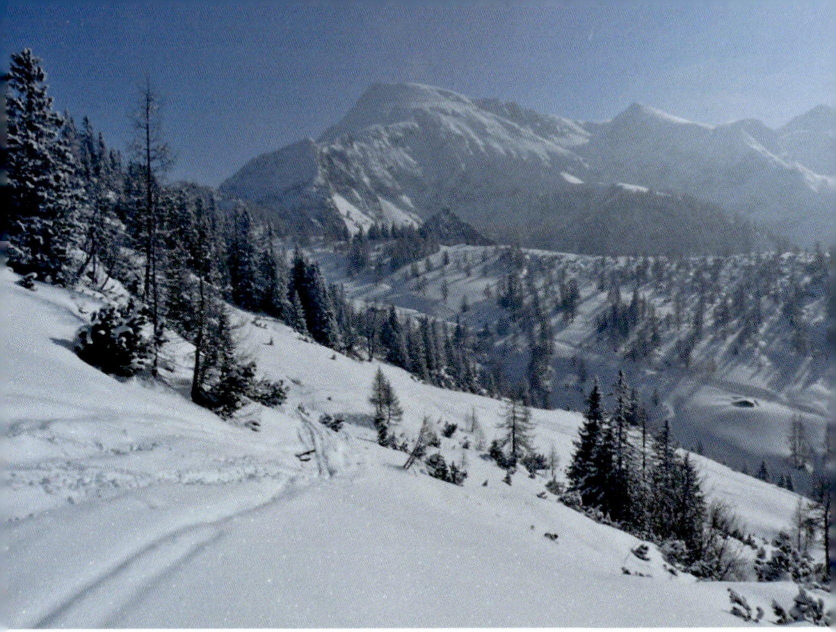

Gutes Schneeschuhgelände findet sich oft im Bereich der Almen, wo das Gelände selten extrem steil wird

Kolbenalm und die Kolbensattelhütte. Die Tour ist bei Schneeschuhwanderern und Skitouristen beliebt, daher fällt die Orientierung aufgrund meist vorhandener Spuren leicht. Achten Sie aber auf eventuelle Sperrungen (Schilder an der Rodelbahn) bei Lawinengefahr. Vom Pürschlinghaus kann auch zurückgerodelt werden.

Für die Bayerischen Alpen gibt es eine verhältnismäßig gute Versorgung mit Schneeschuhtourenführern:

- 🕮 Schneeschuhführer Münchner Berge: Bayerische Alpen und angrenzendes Nordtirol, Evamaria Wecker, ISBN 978-3-7633-5801-4. Hier wird auch oben genannte Tour auf den Teufelstättkopf beschrieben.
- 🕮 Winterwandern Bayerische Alpen: 50 Wander- und Schneeschuh-Touren mit Rodeltipps, Birgit Gelder, ISBN 978-3763330201
- 🕮 Leichte Schneeschuhtouren: Allgäuer bis Kitzbüheler Alpen, Christian Schneeweiß, ISBN 978-3765460234

Schneeschuhverleih Oberammergau: Sportzentrale Papistock, Bahnhofstraße 6a, 82487 Oberammergau, ☏ 088 22/41 78, www.ammergauer-alpen.de/oberammergau/Media/Artikel/Aktiv-unterwegs/Schneeschuh-Verleih

Allgäu

Die Allgäuer Alpen und ihr Vorland sind über die A7 und durch die Deutsche Bahn sehr gut angebunden und so auch für Wochenendtouren gut geeignet. Anfänger und Fortgeschrittene können sich im Hügelland gefahrlos austoben, während der Schneeschuhbergsteiger in den Allgäuer Alpen im Umgang mit der Lawinengefahr sicher sein sollte. Leider bezieht sich die Schneeschuhliteratur fast ausschließlich auf den südlichen, bergigen Teil des Allgäus. Aber mit einer guten Wanderkarte oder einem Wanderführer finden Sie auch im mittleren und nördlichen Allgäu geeignete Routen, zumal Sie hier oft auch einfach querfeldein unterwegs sein können.

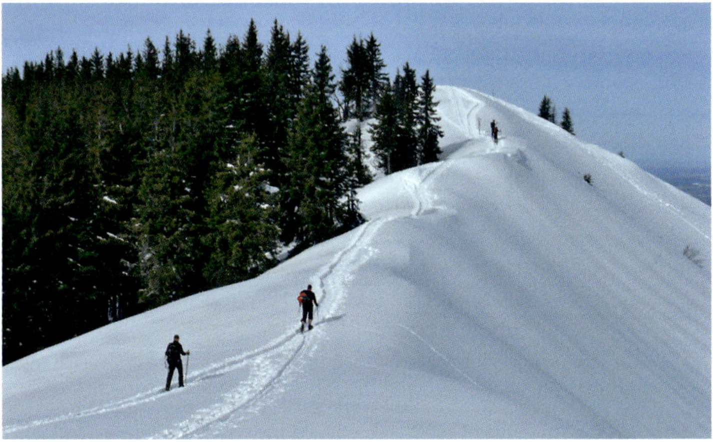

Die Tour auf das Wertacher Hörnle ist beliebt und vergleichsweise lawinensicher.

Eine sehr beliebte Schneeschuhtour (Gehzeit 4 Std. 30 Min., 11 km, 650 Hm) führt auf das **Wertacher Hörnle** bei Bad Hindelang. Von der Bushaltestelle im Ortsteil Unterjoch steigen Sie über Wiesen oder über den präparierten

Winterwanderweg zur Buchelalpe auf. An den Wochenenden können Sie hier einkehren, dann ist die Route aber bei sonnigem Wetter stark frequentiert. Weiter geht es durch Tiefschnee auf den Gipfel des Wertacher Hörnle, von dem Sie die beeindruckende Aussicht auf die Allgäuer Alpen und weit ins bayerische Alpenvorland genießen können. Der Abstieg erfolgt auf ähnlicher Route – oder Sie nehmen noch den südlich gelegenen Spieser-Gipfel mit, dadurch verlängert sich die Runde um 1 Std. 30 Min. Von der Buchelalpe kann auch über den präparierten Wanderweg zum Parkplatz zurückgerodelt werden.

🕮 Schneeschuhführer Allgäu mit Tannheimer Tal und Lechtal, Christian Gögler, ISBN 978-3763358021. Der Autor stellt 50 Schneeschuhtouren vor, von denen viele auch für Einsteiger geeignet sind.

🕮 Winterwandern Allgäuer Alpen: 50 Wander- und Schneeschuhtouren mit Tipps zum Rodeln, Herbert Mayr, ISBN 978-3763330294. Der größte Teil der Touren ist für Schneeschuhwanderer geeignet. Auch Anfänger werden hier fündig, weil sich viele Routen gefahrlos entlang von Winterwanderwegen begehen lassen. Bei 11 Routen lässt sich die Schneeschuhtour mit Rodeln kombinieren.

Schneeschuhverleih Bad Hindelang: Intersport Waibel, Unterer Buigenweg 1, 87541 Bad Hindelang. ☏ 083 24/25 28,
www.intersport-waibel.de/verleih/skiverleih-in-bad-hindelang

Berchtesgadener Land

Auch das wunderschöne Berchtesgadener Land bietet viele Tourenmöglichkeiten für Schneeschuh-Enthusiasten, viele davon allerdings in alpinem Gelände.

Die Schneeschuhtour zum **Carl-von-Stahl-Haus** beginnt in Königssee an der Jennerbahn, mit der Sie bis knapp unter den Jennergipfel (1.874 m) fahren können. Unbedingt lohnt der Abstecher auf den Gipfel, denn die Aussicht über den Königssee auf das Steinerne Meer und den Watzmann ist fantastisch. (🕮 Ein Führer zum Watzmanntrek ist ebenfalls im Conrad Stein Verlag erschienen: Watzmanntrek, Andreas Happe, ISBN 978-3-86686-432-0.) Zurück zur Bergstation und weiter an ihr und der Skipiste vorbei ostwärts folgen Sie den verschneiten Wanderwegen auf das Schneibsteinhaus zu, vor dem Sie sich links im Tal aufwärts haltend zum Carl-von-Stahl-Haus (1.736 m) weiterwandern. Die Alpenvereinshütte ist im Winter bewirtschaftet, hier können Sie einkehren und sogar in der alpinen Winterwelt übernachten – ein unvergessliches Erlebnis (Carl-von-Stahl-Haus, ☏ +49/86 52/655 99 22, 💻 www.alpineausbildung.at/stahlhaus). Zurück geht es über den Hinweg oder alternativ über die Königsbachalm zur Jennerbahn-Mittelstation (Lawinengefahr beachten). Reine Gehzeiten ohne längere Pausen: Bergstation – Jennergipfel – Bergstation 45 Min., Bergstation – Carl-von-Stahl-Haus 1 Std. 30 Min., der Rückweg zur Bergstation ebenfalls 1 Std. 30 Min.

Das Carl-von-Stahl-Haus oberhalb des Königssees ist auch im Winter bewirtschaftet

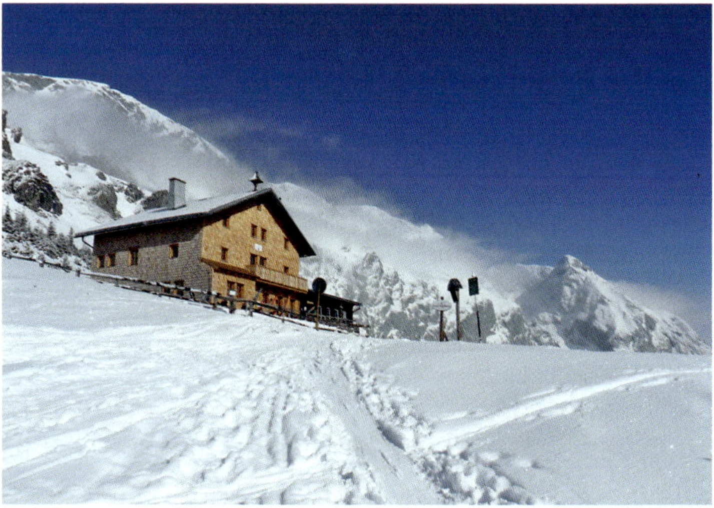

Eine schöne **Einsteigertour** führt vom Dokumentationszentrum Obersalzberg über den präparierten, aussichtsreichen und fast ebenen Carl-von-Linde-Weg zum Hochlenzer und weiter zum Windbeutelbaron, wo man nach etwa einer Stunde gut einkehren kann. Anschließend folgen Sie der Beschilderung auf verschneiten Wanderwegen zum Königssee oder nach Schwöb. Beide Ziele sowie der Start am Obersalzberg sind sehr gut mit dem Bus an Berchtesgaden angebunden.

📖 Winterwandern Berchtesgaden – Chiemgau – Salzburg. 50 Wander- und Schneeschuhtouren mit Tipps zum Rodeln, Andrea und Andreas Strauß, ISBN 978-3763330232

Schneeschuhverleih und geführte Touren: Alpenhotel Lärchenhof, Am Rehwinkl 3, 83471 Schönau am Königssee, ☏ +49/86 52/968 70,
💻 www.schneeschuhwandern-berchtesgaden.de

Dolomiten/Südtirol

Für Südtirol mit der Vinschgau-Region und den Dolomiten sind diverse Schneeschuhführer auf dem Markt. Hier können Sie also problemlos mehrere längere Schneeschuhurlaube verbringen, ohne dass die Routen knapp werden.

Ein gutes Anfängergebiet ist dabei die Hochfläche der Seiseralm, wo Sie ohne extreme Steigungen und relativ lawinensicher Ihre Spuren durch die verschneite Landschaft ziehen können. Außerdem haben Sie durch den guten Ausbau der Bergbahnen viele Möglichkeiten, ohne lange Anstiege attraktive, aussichtsreiche Routen zu erreichen. Auch die Hochalmen der Sarntaler Alpen eignen sich sehr gut zum Schneeschuhwandern.

Die Literatur zu Schneeschuhtouren in Südtirol ist sehr umfangreich, daher seien hier nur zwei Führer vorgestellt, die größere Gebiete abdecken:

📖 Schneeschuhführer Südtirol West: Vinschgau, Ultental, Passeiertal, Sarntal, Evamaria Wecker, ISBN 978-3763358090

📖 Schneeschuhführer Südtirol Ost: Eisacktal, Pustertal, Dolomiten, Evamaria Wecker, ISBN 978-3763358076

☺ Weitere Schneeschuhführer finden Sie unter
💻 www.trekkingguide.de/wandern/alpen-dolomiten-suedtirol-literatur.htm.

Schneeschuhtrekking

Ein ganz besonderes Erlebnis sind Mehrtagestouren auf Schneeschuhen. Das kann z. B. die expeditionsähnliche Wintertour mit Übernachtung im Freien oder im Zelt sein. Spezielle Literatur zum Thema Outdoor und Trekking im Winter hilft dabei, Anfängerfehler zu vermeiden:

📖 OutdoorHandbuch Wintertrekking, Dietmar Heim und Dirk Klawatzki, ISBN 978-3-86686-070-4. Das handliche Büchlein ist in derselben Reihe erschienen wie das, das Sie gerade in den Händen halten.

📖 Outdoor im Winter: Ausrüstung, Sicherheit und Know-how für Wintertouren, Lars Fält, ISBN 978-3613507449. Aufwändig bebildert und mit vielen Zeichnungen versehen erklärt dieses Buch die passende Ausrüstung und das nötige Know-how für winterliche Touren in unbewohnten Regionen.

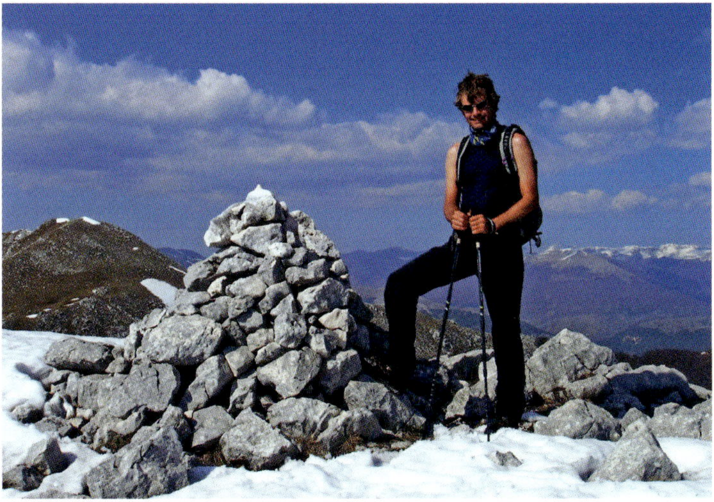

Schneeschuhtouren im Mittelgebirge funktionieren sogar in Italien, wie hier im Frühjahr in den Abruzzen.

Im Mittelgebirge

Es geht aber auch wesentlich bequemer. Warum sollten Sie nicht mal eine der vielen sommerlichen Mehrtagesrouten im Winter auf Schneeschuhen bewandern? Bei Übernachtung in Pensionen oder Hotels lässt sich das Gewicht des Gepäcks in Grenzen halten, auch wenn durch Mitnahme winterlicher Kleidung natürlich etwas mehr zusammenkommt als für eine vergleichbare Sommertour. Oft bieten örtliche Touristinformationen, Wanderreiseveranstalter oder Hotelkooperationen aber auch den Gepäcktransport zur nächsten Unterkunft an. Diese Angebote finden Sie besonders häufig auf bekannten Routen wie dem Hexenstieg im Harz, dem Goldsteig im Bayerischen Wald oder dem Querweg im Schwarzwald.

Die mangelnde Schneesicherheit in den Mittelgebirgen ist für den Schneeschuhtrekker kein Problem: Zur Not werden die Schneeschuhe vorübergehend mal an den Rucksack gehängt (☞ Tragen der Schneeschuhe).

Besondere Ausrüstung brauchen Sie für Mehrtagestouren nicht. Das Wichtigste ist hier auch wieder eine gute ☞ Tourenplanung. Planen Sie defensiv, damit die Etappen nicht zu lang werden. Ein Smartphone hilft im Falle eines Falles bei der Suche nach Bus, Bahn oder Taxi. Aber genauso gut können Sie diese Daten auch im Vorfeld der Tour recherchieren. Die mitgeführte Telefonnummer der örtlichen Touristinformation kann spontane Planänderungen erleichtern.

Im Hochgebirge

Winterliche Mehrtagestouren im Hochgebirge kommen nur für Schneeschuhbergsteiger infrage, die sich mit der Lawinenthematik auskennen. Viele Routen sind erst im späten Frühjahr oder Frühsommer, wenn die Lawinengefahr nachgelassen hat, überhaupt begehbar. Aber auch dann können Sie mit Ihren Schneeschuhen im Gebirge noch viel Freude haben.

Sollten Sie sich über die Gefahrenlage nicht zu 100 % im Klaren sein, dann verzichten Sie lieber auf die Tour oder nehmen Sie sich einen Bergführer.

Für Übernachtungen beim Schneeschuhtrekking im Hochgebirge bieten sich die Berghütten – z. B. der Alpenvereine – an. Diese werden zwar in ihrer Mehrzahl im Winter nicht bewirtschaftet, verfügen aber oft über sogenannte Winterräume. Diese Winterräume sind für Wanderer und Skitourengeher gedacht, die nach und vor der Saison unterwegs sind, können aber natürlich genauso von Schneeschuhbergsteigern benutzt werden.

Die Ausstattung der unbewirtschafteten Winterräume ist sehr unterschiedlich. Von sehr spartanischen Notunterkünften bis zu gemütlichen Hüttenräumen mit Atmosphäre ist alles zu finden. Genauere Informationen sollten Sie vom Betreiber der Hütte einholen, z. B. ob und wie geheizt werden kann, ob – wie meistens – Kochmöglichkeiten vorhanden sind und wie Sie in den Winterraum gelangen können. Bei den Hütten des Deutschen und Österreichischen Alpenvereins passt

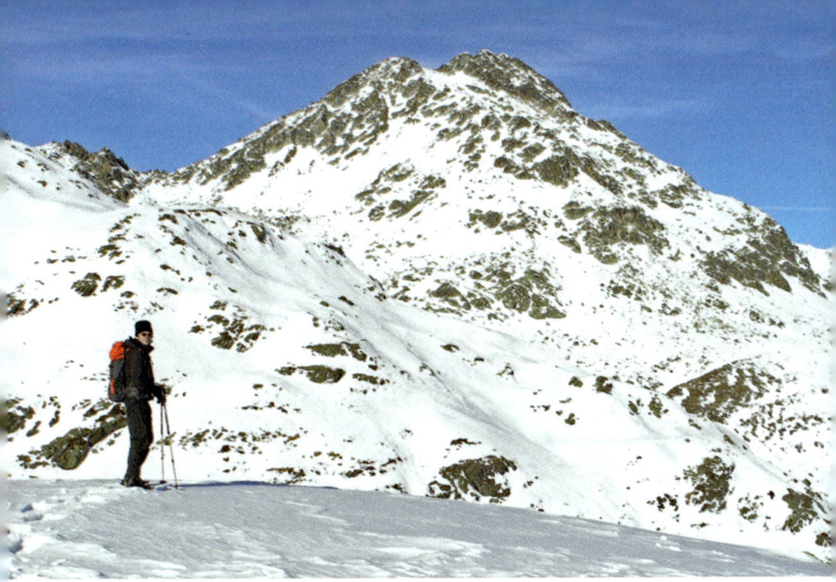

Weit weg von allem – und ein Gefühl wie auf einer Polarexpedition: Schneeschuhtrekking im Hochgebirge.

häufig ein Generalschlüssel, den Sie bei Ihrer heimischen Sektion des Alpenvereins ausleihen können. Andere Winterräume sind – auch für Notfälle – immer offen; dies ist z. B. in der Schweiz sehr verbreitet.

Ihren Proviant müssen Sie natürlich selbst auf die unbewirtschaftete Hütte hochtragen. Dort gelagerter Notproviant sollte auch für Notfälle verbleiben. Zum Kochen können Sie notfalls Schnee schmelzen (☞ leider ist der in Hüttennähe manchmal gelb, da nicht jeder den Weg bis zur Toilette schafft). Töpfe, Geschirr und Besteck sowie Matratzen und Decken sollten überall vorhanden sein.

Natürlich ist die Übernachtung nicht gratis. Auf einer klassischen Berghütte des Deutschen Alpenvereins kostet z. B. die Übernachtung im Winterraum € 12. Es gibt eine Kasse zur Barzahlung oder es liegen Überweisungsvordrucke aus.

Eine vorherige Anmeldung ist auch für den Winterraum sinnvoll, um Überbelegungen zu vermeiden. Sind mehrere Parteien in der Hütte, gilt Rücksicht und Toleranz. Bei der Nutzung der Kochgeräte auf oft engem Raum ist eine gemeinsame Organisation und kameradschaftliche Absprache gefragt. Das Kochen mit Topfdeckel vermindert das Entstehen hoher Luftfeuchtigkeit – im Winter auf Hütten oft ein Problem – und spart bis zu 70 % wertvollen Brennstoff.

Leider hinterlässt nicht jeder Nutzer den Winterraum so, wie er ihn vorgefunden hat. Zerwühlte Betten, dreckiges Geschirr und schmutzige Böden sind für die Nachfolger sehr unangenehm. Es geht aber noch schlimmer: Auch verheizte Möbel und aufgebrochene Kassen für den Übernachtungsobolus sind keine Seltenheit.

Viele früher offene Winterräume sind daher schon mit Schlössern versehen worden, bei anderen denken die Betreiber über komplette Schließungen nach. Wirken Sie dem entgegen und sorgen Sie dafür, dass sich auch die nachfolgenden Winterraumbesucher an der Übernachtungsmöglichkeit erfreuen können! Hinterlassen Sie saubere und aufgeräumte Hütten und gehen Sie sparsam mit dem Brennmaterial um. Es gehört natürlich auch dazu, den eigenen Müll wieder mit ins Tal zu nehmen.

☺ Viele weitere Informationen zu Berghütten und Winterräumen finden Sie im Internet unter 💻 www.trekkingguide.de/knowhow/berghuetten.htm.

Ein besonderer Winterspaß: Aufstieg entlang der Rodelbahn, Schneeschuhtour auf der Hochfläche und Abfahrt auf dem Rodel

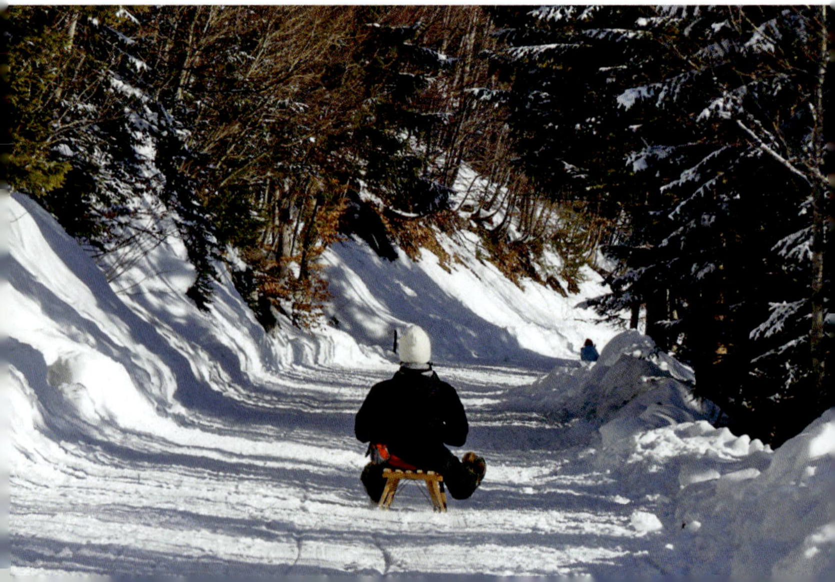

Schneeschuhwandern und Rodeln

Immer beliebter wird auch die Kombination aus Schneeschuhwandern und Rodeln. Besonders in den Alpen, aber auch in vielen Mittelgebirgen laden Berghütten zur Einkehr ein, die über Rodelbahnen mit dem Tal verbunden sind. Oft können hier Rodel ausgeliehen werden, die man einfach am Ende der Bahn stehen lässt.

Was spricht also gegen eine Schneeschuhwanderung zu einer Hütte, von der aus Sie anschließend mit dem Schlitten zu Tal rauschen können?

Auch der Aufstieg – bzw. die Seilbahnfahrt – mit eigenem Rodel und Schneeschuhen eröffnet tolle Möglichkeiten: Wandern Sie oben mit Ihren Schneeschuhen durch die verschneite Berglandschaft, während Ihr Rodel an der Hütte wartet, und tauschen Sie dann zur Talabfahrt das Sportgerät! Die Schneeschuhe lassen sich problemlos am Rucksack befestigen und stören beim Schlittenfahren kaum.

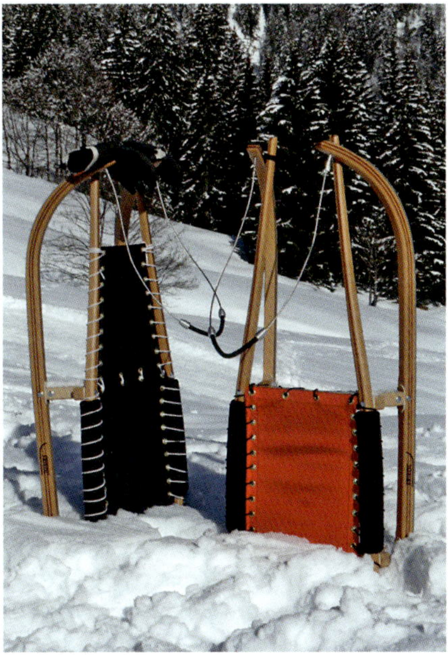

Wenn Sie mit einem klassischen Holzschlitten Spaß am Rodeln haben, sollten Sie erst mal einen lenkbaren Sportrodel probieren!

☺ Eine Erleuchtung war für mich der Umstieg von meinem alten Holzschlitten auf einen modernen Sportrodel. Mit etwas Übung ist der Sportrodel durch Ziehen am Lenkseil und Gewichtsverlagerung leicht steuerbar und zaubert dem Piloten ein Dauerlächeln aufs Gesicht!

☺ Weitere Möglichkeiten eröffnen sich durch Leichtrodel wie den „Zipfelbob", der wenig wiegt und auf den Rucksack geschnallt werden kann.

Nutzungskonflikte und Naturschutz

Langläufer

Im winterlichen Mittelgebirge trifft man beim Schneeschuhgehen immer mal wieder auf Langlaufloipen. Diese sind meist markiert und maschinell gespurt. Sie sollten diese Spuren weder mit Schneeschuhen noch mit Schuhen betreten, da sie sonst zerstört werden. Für den Skilangläufer würde das eine Einschränkung seines Wintersportgenusses bedeuten.

Was viele nicht wissen: Auch die präparierten Flächen neben den beiden Spurlinien gehören zur Loipe und sind für die Langläufer vorgesehen, die im Skating-Stil unterwegs sind.

Wenn es gut läuft, können Sie problemlos neben der Loipe ihre eigene Schneeschuhspur ziehen. Wenn es schlecht läuft, ist der Platz dafür nicht vorhanden oder die Route ist für Nichtlangläufer gesperrt. Das kann sehr ärgerlich sein, z. B. wenn Sie sich eine Tour vorgenommen haben, die durch die Sperrung der Loipentrassen für Winterwanderer und Schneeschuhgänger ab einer bestimmten Stelle nicht mehr fortgeführt werden kann.

Dieses Problem tritt besonders in Mittelgebirgen oder im Alpenvorland auf, wo das örtliche Touristikmarketing stark auf Skilanglauf setzt. Beispiele wären der Schwarzwald, der Harz oder die bayerischen Voralpen um Ruhpolding. Hier hilft es nur, sich vor der Schneeschuhtour einen Loipenplan bei der örtlichen Touristinformation zu besorgen und zu prüfen, ob die geplante Schneeschuhwanderung gegebenenfalls von durch Loipen gesperrte Passagen betroffen ist. Häufig finden Sie diese Information auch auf Tafeln am Wanderparkplatz.

Sie gehen diesem Problem aus dem Weg, wenn Sie in einschlägigen Führern vorgeschlagenen Schneeschuhrouten oder Winterwanderwegen folgen oder sich bei der örtlichen Touristinformation über Schneeschuhrouten beraten lassen. Leider führt Letzteres in vielen Regionen noch zu hilflosen Blicken des Personals, da das Schneeschuhwandern für viele Orte noch eine unbekannte Größe darstellt. Das wird sich jedoch in den nächsten Jahren langsam bessern, denn die Beliebtheit des Schneeschuhgehens und damit die Chance, mit tollen Routen Gäste anzulocken, wird auch den Tourismusförderern auf Dauer nicht verborgen bleiben.

Eine Loipe im rechten Winkel zu queren, sollte kein Problem sein und ist den Langläufern durchaus zuzumuten. Wenn Sie dabei ein paar große Schritte

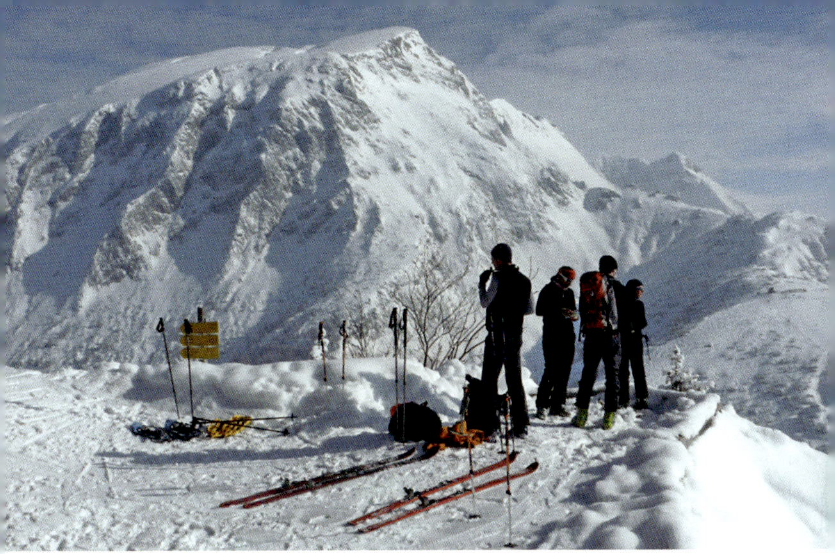

Skitourengeher und Schneeschuhbergsteiger haben in den Alpen oft dasselbe Ziel.

machen, hält sich der Schaden in Grenzen. Aber Vorsicht: Gerade auf Gefällstrecken sind Langläufer sehr schnell unterwegs. Schauen Sie also wie beim Überqueren der Straße nach links und rechts.

Skitourengeher

Ein ähnliches Problem begegnet dem Schneeschuhbergsteiger besonders im alpinen Raum. Hier hat er es zwar weniger mit gesperrten und/oder präparierten Loipen zu tun, dafür aber mit Aufstiegsspuren von Skitourengehern. Diese werden von den Skibergsteigern selbst angelegt und liegen oft genau dort, wo auch der Schneeschuhbergsteiger gern aufsteigen würde.

Eine intakte Aufstiegsskispur hilft dem Tourengeher, Kraft zu sparen. Hier gebietet dem Schneeschuhwanderer die Fairness, neben der Spur zu bleiben und die Skiaufstiegsspur nicht zu beschädigen. Wo das an engen Stellen nicht möglich ist, können Sie die Spur ohne schlechtes Gewissen betreten.

Oft verlaufen die Skispuren am Hang sowieso nicht optimal für den Schneeschuhbergsteiger, weil Letzterer weniger in Serpentinen steigen muss. Gegen ein Betreten der Skiabfahrtsspuren spricht nichts.

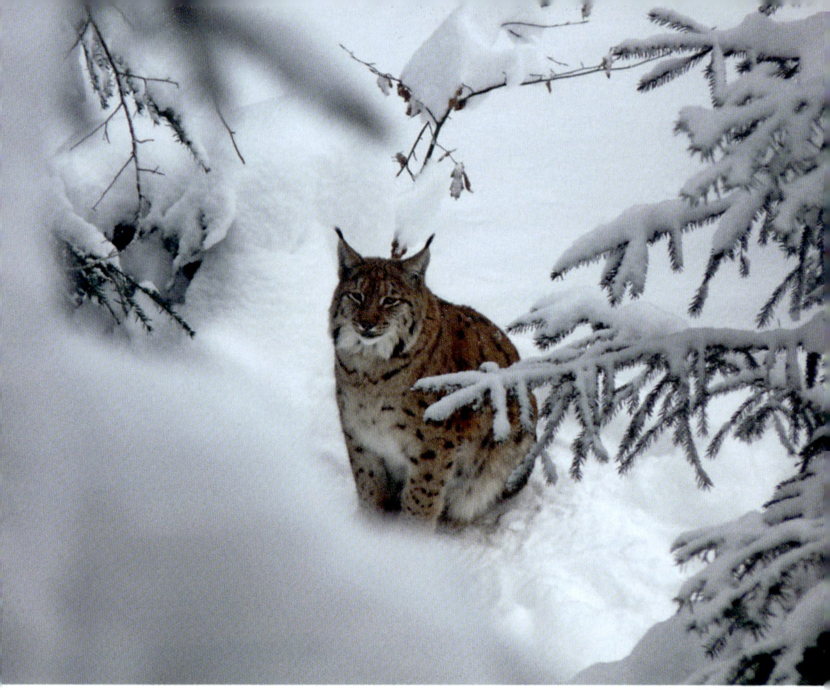

Die schwierige Futtersuche zwingt das Wild zum Energiesparen.

Wildtiere

Wild zu stören ist auf winterlichen Touren weitaus schädlicher für die Tiere als im Sommer. Wenn Rotwild oder Gämsen durch tiefen Schnee fliehen, kostet das viel Energie zu einer Zeit, in der die Nahrungssuche schwierig und die Nahrungsangebote für das Wild knapp sind. Eine ausreichende Energieversorgung ist existenziell für das Überleben im Winter.

Indirekt wird durch wiederkehrendes Aufscheuchen des Wildes auch der Wald geschädigt, da Rehe und Hirsche versuchen, ihre Energiedefizite durch Verbiss von Jungbäumen auszugleichen.

Besonders sensibel auf Störungen im Winter reagieren Raufußhühner wie Auer-, Birk- und Schneehuhn. Ihr Lebensraum in lichten, offenen Mittelgebirgswäldern oder an und oberhalb der Baumgrenze ist auch für Schneeschuhwanderer ein attraktives Gebiet.

Die Alpenvereine haben daher Schutzgebiete durch Schilder markiert und die Zonen, die als Rückzugsgebiete ungestört bleiben sollten, in ihre Karten aufgenommen. Die Aktion richtet sich vor allem an Skitourengeher und Schneeschuhwanderer. Letztere neigen durch ihr besonders geländegängiges Sportgerät noch mehr dazu, ansonsten im Winter unberührte Wald- und Baumgrenzgebiete auf immer neuen Routen zu durchqueren.

Als verantwortungsvoller Naturnutzer sollten Sie Schilder mit Warnhinweisen und Sperrungen beachten, spezielle Schutzzonen meiden und in den Nationalparks nicht querfeldein laufen!

Vegetation

Ein vorsichtiger Umgang mit der Vegetation sollte selbstverständlich sein. Schneeschuhe, besonders die Harscheisen, beschädigen die einzelne Pflanze unmittelbar. Die Spuren im Schnee legen aber auch Pflanzen frei, die auf den Schutz der winterlichen Schneedecke angewiesen sind.

Besonders sensibel ist die Vegetationsdecke im Gebirge, wo die Pflanzen für ihr Wachstum ein Vielfaches der Zeit benötigen, die ihre Verwandten in tieferen Regionen brauchen. Ist die Vegetationsdecke erst einmal geschädigt, schlägt hier die Erosion durch Wind, Wasser und Frostsprengung auch viel stärker zu als im Tiefland. Steinschlag, Muren und Lawinen sind die Folge.

Bei geringer Schneelage sollten Sie sich an die Wege halten und bei offen liegender Vegetation die Schneeschuhe ausziehen.

Buchtipps aus dem

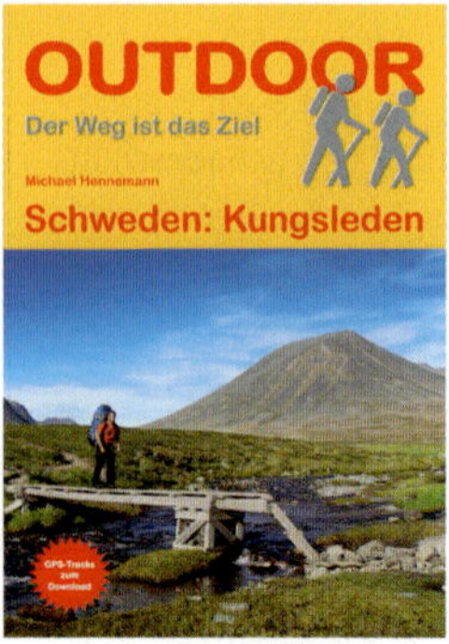

Schweden: Kungsleden

Michael Hennemann
OutdoorHandbuch Band 18
Der Weg ist das Ziel
160 Seiten ▸ 41 farbige Abbildungen
11 farbige Karten und 10 Höhenprofile

ISBN 978-3-86686-445-0

>> **Outdoor-Magazin**: „*Das handliche Buch enthält alles, was man als Wanderer zum Nördlichen und Südlichen Kungsleden wissen muss.*“

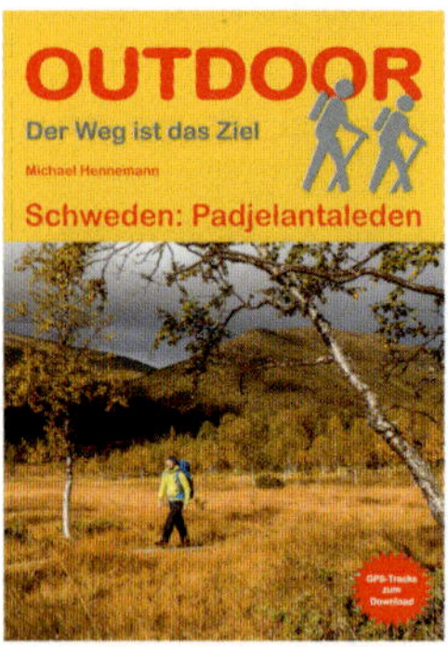

Schweden: Padjelantaleden

Michael Hennemann *NEU 2017*
OutdoorHandbuch Band 261
Der Weg ist das Ziel
ca. 160 Seiten ▸ ca. 45 farbige Abbildungen
ca. 20 Karten und Höhenprofile

ISBN 978-3-86686-533-4

>> *Der 160 km lange Padjelantaleden ist der ideale Einstieg ins Lapplandtrekking und auch für Wanderer ohne Fjällerfahrung in etwa 10 Tagen machbar. Bei der Planung und Durchführung hilft der Wanderführer.*

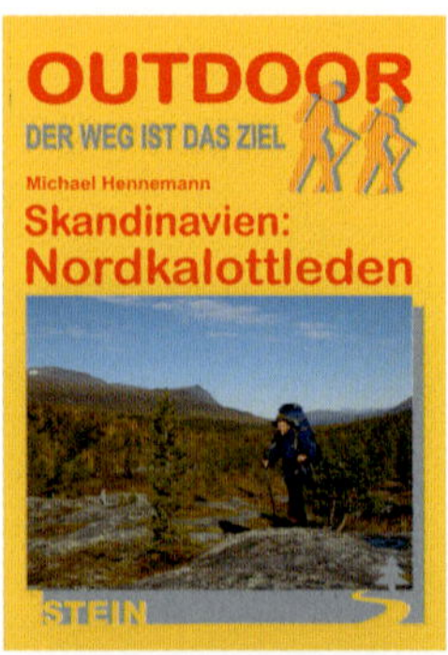

Skandinavien: Nordkalottleden

Michael Hennemann
OutdoorHandbuch Band 172
Der Weg ist das Ziel
107 Seiten ▸ 41 farbige Abbildungen
12 farbige Karten

ISBN 978-3-86686-172-5

>> **dialog:** „*Das verdient Lob: Wie der Conrad Stein Verlag mit der Reihe 'Der Weg ist das Ziel' skandinavische Regionen erschließt.*"

Buchtipps aus dem Conrad Stein Verlag

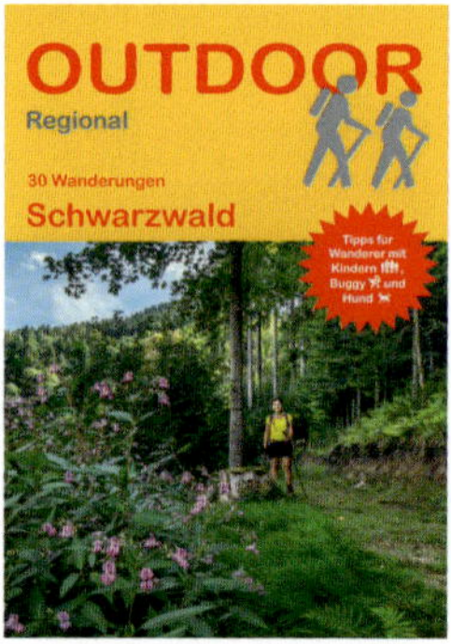

30 Wanderungen *NEU 2017*

Schwarzwald

Janina Meier
OutdoorHandbuch *Regional* Band 383
160 Seiten ▸ ca. 40 farbige Abbildungen
ca. 30 farbige Karten und Höhenprofile

ISBN 978-3-86686-505-1

>> *Ein riesiges Netz von Wanderwegen, liebevoll gepflegt vom Schwarzwaldverein, lässt Sie diese Wanderregion im Südwesten Deutschlands erleben.*

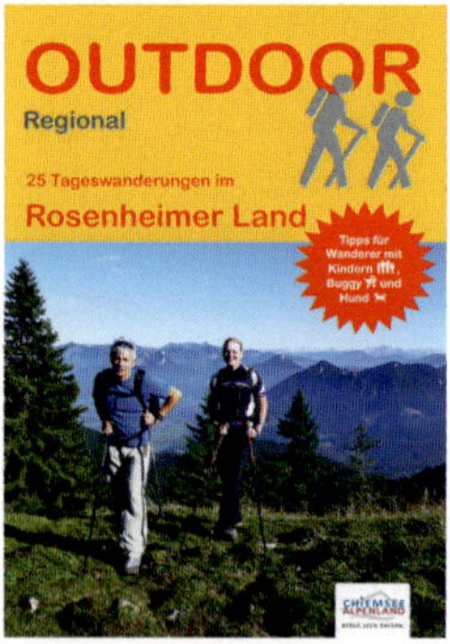

25 Wanderungen

Rosenheimer Land

Andreas Friedrich
OutdoorHandbuch *Regional* Band 345
160 Seiten ▸ 73 farbige Abbildungen
31 farbige Karten und 24 Höhenprofile

ISBN 978-3-86686-460-3

>> **stadler-markus.de**: *„Ein sehr aufwändig gemachter Wanderführer, dessen 25 Tourenvorschläge weit über die reine Wegbeschreibung hinausgehen“*

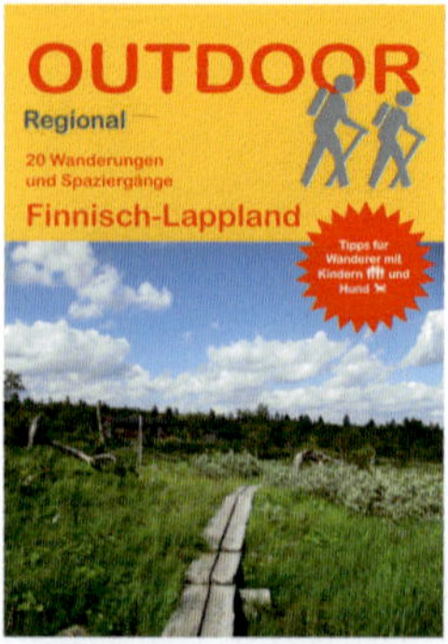

20 Wanderungen und Spaziergänge

Finnisch-Lappland

Bettina Dauch
OutdoorHandbuch *Regional* Band 348
160 Seiten ▸ 78 farbige Abbildungen
29 farbige Karten und 17 Höhenprofile

ISBN 978-3-86686-359-0

>> **finnweh.de:** *„mit sehr viel Liebe zum Detail und Freude am Wandern geschrieben"*

Index

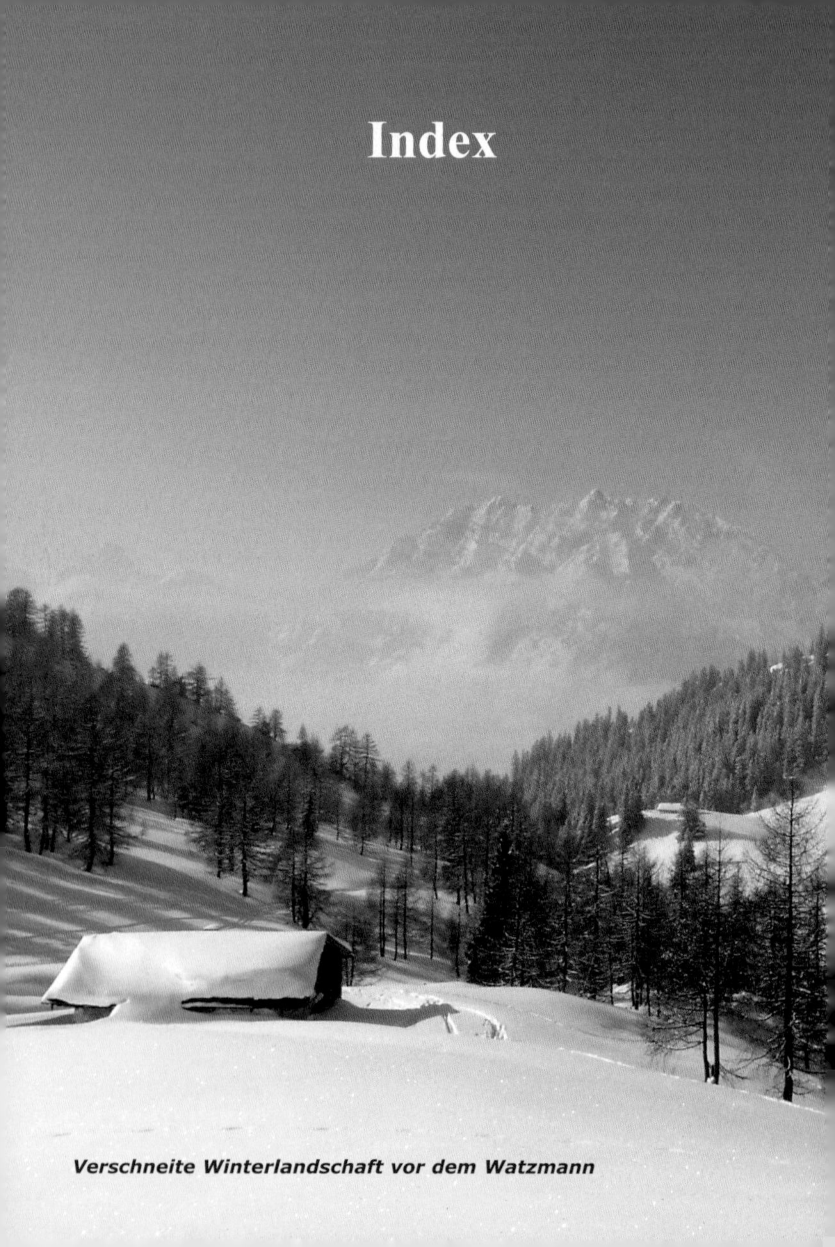

Verschneite Winterlandschaft vor dem Watzmann

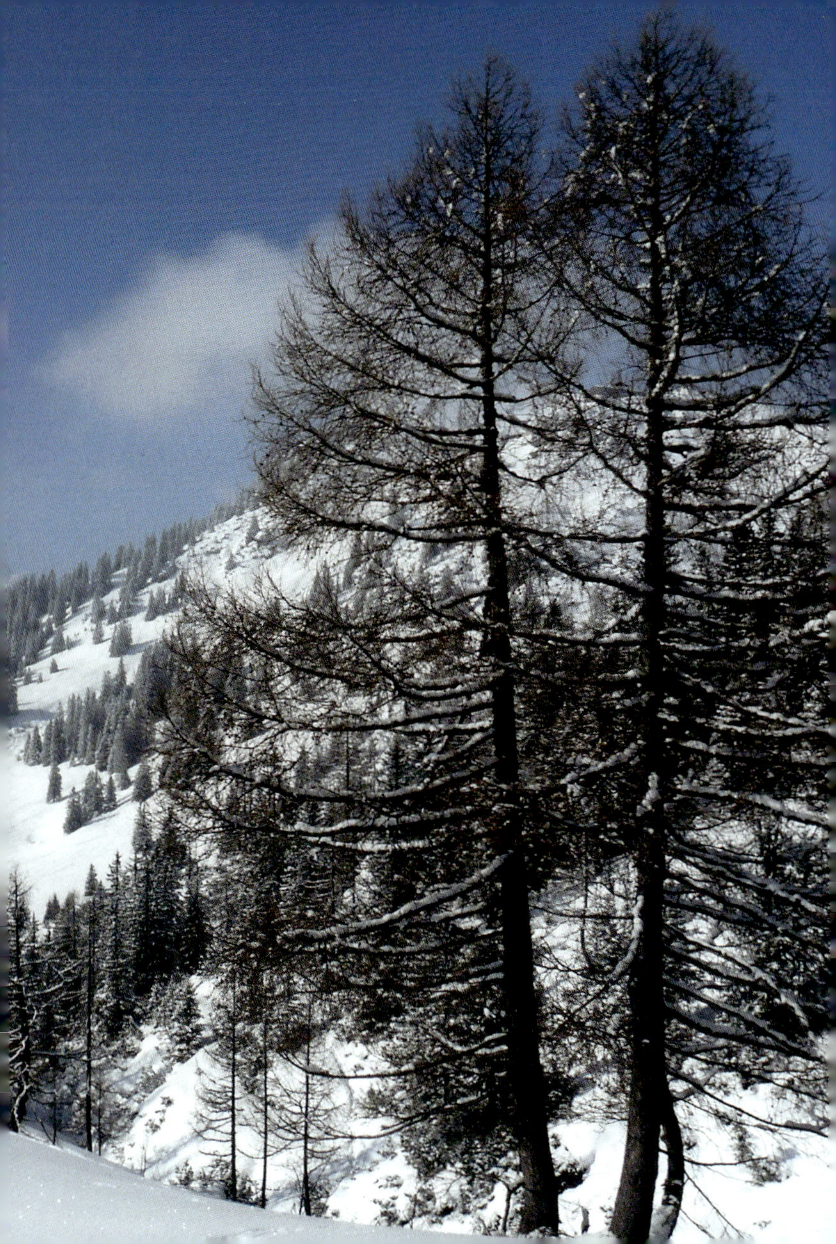

M

N

O

P

R

S

T

U

V

W

Z